はじめに

「神戸・南京をむすぶ会」の訪中は1997年から始まりました。初めはこんなに続くとは思っていませんでした。毎回大変実り多く、23回も続いています。2020年も開催が決まっています。

訪問先は虐殺や強制連行、強制労働、性暴力、細菌戦、無差別爆撃、植民地支配などの跡地です。このような旅はダークツーリズムというそうですが、何を好き好んで口にするのも恐ろしい出来事の跡をたどるのか、いつも自問自答する旅です。でも行く先々で、知らなかった、知ろうとしていなかったという驚きと悔恨、もっと知りたい、知らせなければという思いに動かされて、次の年もまた飽きずに続けているように思います。

それに加えて、20年以上お付き合いしている中国側スタッフのみなさん、現地で出会い、立ち止まって話をした名も知らない人たち、そして忍耐強く明るく旅を支えてくださる団員の皆さんの魅力も、旅をする原動力になっています。あと、広大な大地、悠久の文明、そしておいしい中華料理。旅の魅力はまだまだあります。

日本と中国との関係は歴史認識問題を巡り、これまでたびたび揺れ動いてきました。その原因のほとんどは日本側にあると私は思っています。近代以降、日本が中国に何をしたのかを検証し、二度と同じ過ちを繰り返さないためには何をしなければならないのかを考え、実行する責任は、数百万の軍隊で攻め込み蹂躙した日本側にあります。しかし現在に至るまで責任は果たされていません。反対に現在テレビや書店、ネット上で見られる「嫌中」の主張を見ると、かつての「暴支膺懲《ぼうしようちょう》」（「悪い中国を懲らしめる」の意。日中戦争時のスローガン）の言葉を思い起こします。この言葉を掲げ戦争を起こし、継続した結果、中国だけでなく日本人も（日本人とされた植民地の人々も）大変な惨害を被りました。歴史を知らないと同じことを繰り返してしまいます。日中両国が真に手を取り合うために、日本が歴史を誠実に見つめ直すことは欠かせません。そうやって初めて、歴史の中で傷つけた隣国の人々の信頼を得る第一歩が始まり、共に平和なアジア世界を築いていくスタート地点に立てるのではないでしょうか。

私たちは南京をはじめ侵略の跡地に立ち、私たちにつながる前の世代の人たちが何をしたのかを確認し、犠牲者を追悼し、日中不再戦を誓います。歴史の事実が痛みを伴って全身を包むことがありますが、励まし合いながら受け止めて持ち帰り、毎年報告会を開き、報告集を作ってきました。

仕事、経済、家庭、健康などの面で旅を続けるための無理、しわ寄せは正直あります。一方で沢山の幸運にも支えられています。このような旅は誰でもができるわけではありませんから、行きたくても行けない方のために、今回、9年分の旅をコンパクトにまとめ、できるだけ行った気になれるような報告をお届けしようと思いました。

ただ、毎年出している報告書をもとにしていますが、字数の関係で幸存者（中国では虐殺から生き延びた人をこう呼びます）の詳細な聞き取りや日誌、他の参加者の感想、報道記事、参加者の紹介などは載せられませんでしたし、私自身のその時々の思いや旅のエピソードなどは大幅に削らねばならなかったのが本当に心残りです。でも、多くの方に気軽に読んでいただくためには短くしなければなりませんので、泣く泣くカットしました。

身近で「南京事件なんてあったの？」「大したことしてないんじゃない？」「日本人がそんなことするはずない」「自虐史観だ」などの言葉を聞かれたら、ぜひこの本を紹介していただければありがたいです。

ささやかなこの報告を通じ、日本人がなかなか知ることができない歴史、中国の普通の人々の思いに触れていただければ幸いです。

＊2021年2月追記　2020年に予定されていた訪中は、新型コロナウイルス感染症の感染拡大の影響を受けて中止となりました。

もくじ

装丁：守谷義明＋六月舎
組版・作図：Shima.

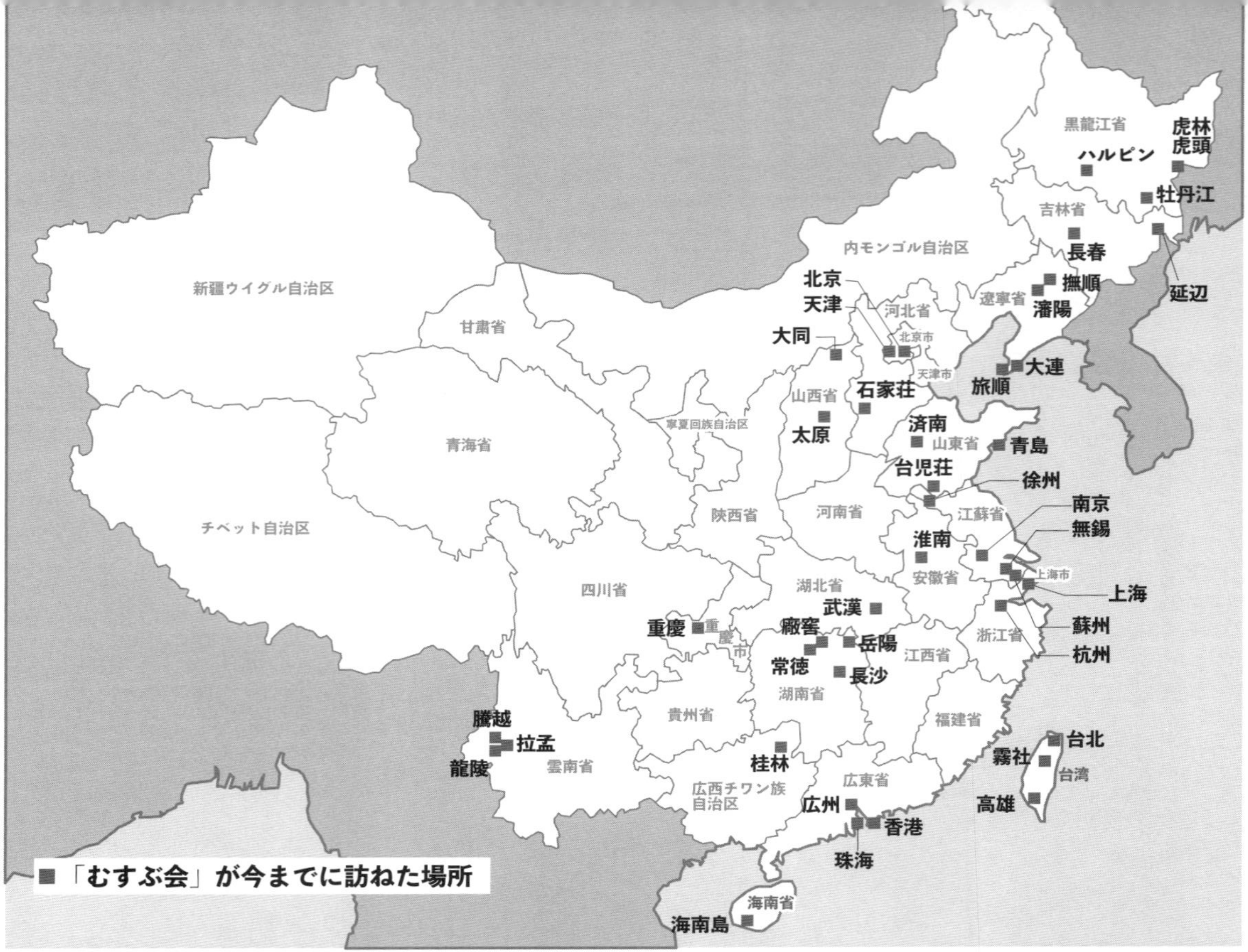

■「むすぶ会」が今までに訪ねた場所
新疆ウイグル自治区
チベット自治区
甘粛省
青海省
四川省
雲南省
内モンゴル自治区
黒龍江省
吉林省
遼寧省
河北省
北京市
天津市
山西省
寧夏回族自治区
陝西省
河南省
山東省
江蘇省
安徽省
上海市
浙江省
湖北省
重慶市
湖南省
江西省
福建省
貴州省
広西チワン族自治区
広東省
台湾
海南省
虎林
虎頭
ハルピン
牡丹江
長春
延辺
撫順
瀋陽
北京
天津
大同
大連
旅順
石家荘
太原
済南
青島
台児荘
徐州
南京
無錫
淮南
上海
蘇州
杭州
武漢
重慶
廠窖
岳陽
常徳
長沙
騰越
拉孟
龍陵
桂林
広州
香港
珠海
台北
霧社
高雄
海南島

第１部

南京事件をたどる

■南京大屠殺遇難同胞紀念館の壁に刻まれた犠牲者の名前

南京への道

南京の旅は、毎回、戴国偉さんとの再会から始まります。戴さんは南京人。「神戸・南京をむすぶ会（以下「むすぶ会」）」が開催した全23回の旅にずっと付き添い、旅をコーディネイト、この数年は南京以外の訪問先の下見までしてくださっている優秀なガイド兼通訳です。

南京へは関西国際空港から直行便で行くのが早くて楽ですが、便が取れない場合は上海からバスで行くこともあります。南京に向かう高速道路はかつて日本軍が侵攻したルートにほぼ沿っています。ほとんどカーブも起伏もない道をまっすぐ数時間かけて走ると、中国の広大さを否応なく感じます。参加者の皆さんの自己紹介を聞き、いろいろと話をしながらも道々の道標が目に入ってきます。蘇州、無錫、常州、鎮江などなど。

例えば鎮江。「黒酢と白蛇伝の町」として有名ですが、１９３７年南京陥落の直前、日本軍に占領されました。鎮江は近郊の蘇州、無錫、そして常州が次々陥落する中、恐慌状態に陥ります。学校は休校、公務員は疎開、女性たちに脱出指令が出ます。商店なども閉鎖、11月27、28日には大規模な空爆を受け、３４０人の死者が出ます。市民のうち余裕のある者は遠くへ避難し、逃げ遅れた人たちは長江を渡る船がなく、引き返さざるを得ませんでした。

日本軍は12月、丹陽、句容に続き、８日鎮江に突入します。そして、略奪・殺人・強姦・放火が始まり、市民は徴用され、住居は接収、物資は徴発されました。殺害された人びとは1万人、市街地の破壊は6割に上ったといわれます。日本軍は傀儡政権をつくらせ、人々は分断させられていきます。戦争前は普通の暮らしが営まれていた街々は、日本軍の侵攻により、あっという間に生活と人間関係を根底から変えられてしまいました。現在でも旧ユーゴスラビア、チェチェン、コンゴ、シリアなど世界各地で起こっている人々の苦難と重なります。

そもそも日中戦争において日本は、「暴支膺懲」という理由にもならない理由を掲げ、短期で決着できると考えていました。第二次上海事変で中国軍の激しい抵抗を受け、大きな犠牲を出した現地軍は、首都南京の占領で中国を屈服させられると考え、大本営の制令線を突破し、独断で南京に向かいます。そのため兵站が追いつかず、この道を侵攻した日本軍兵士の多くは補給が受けられないために現地調達を余儀なくされ、激戦で荒んだ兵士は道々で略奪・放火・強姦を引き起こします。様々な記録に書かれている被害を受けた中国民衆の苦しみ、痛み、悲しみ、恨みを思い起こし、またそのような非人間的状況に陥った兵士のことを考えながらバスに揺られます。

やがて南京の紫金山、中山門が見えてきます。共に日中両軍の激戦地の一つで、中山門は日本軍司令官松井石根を先頭に騎馬で入場する有名な写真の背景にも写っています。門をくぐり抜け、亭々と茂るプラタナスの並木に迎えられ南京市内に入ります。

碑巡り

南京市内外には多くの虐殺現場があり、その主な場所に１９８５年、一斉に追悼碑が建てられました。南京事件はあまりにも悲惨な出来事だったため、市民にとって戦後それを語るのはほとんどタブーだったようです。ですから戦後生まれの人たちは出来事そのものについてきちんと学ぶ機会がありませんでした。しかし１９８０年代に入り、「侵略」と「進出」の語句を巡る教科書問題、中曽根首相の靖国神社参拝問題など、日本の歴史認識に対する批判が高まり、南京では碑と紀念館が建設されました。その後も碑の建設は続いています。「むすぶ会」は毎年多くの碑を巡りましたが、紙面の都合上紹介できるのはわずかです。

追悼碑の多くは長江沿岸に沿って建てられています。殺害した遺体を流すのに都合がよいため、日本軍は長江沿岸で沢山の虐殺事件を起こしたからです。碑巡りではまず一番下流にある燕子磯を訪ねます。ここは明の乾隆帝も称賛した有名な観光地です。入り口の門をくぐると巨石、奇石が出迎え、木立の中の石段を登り細い遊歩道を歩き、追悼碑に向かいます。斜面には彼岸花に似た黄色の鍾馗《しょうき》水仙が咲いていています。緑の木々の中、薄い黄色の花弁、そこから突き出た細いしべ、茎が寄り添って群れて咲くさまがもの思わし気な花です。追悼碑に向かう心情がそう感じさせるのかもしれません。追悼碑は遊歩道の端、少し高くなったところにあります。戴さんが碑文を日本語に訳し、皆で黙禱を捧げます。碑文の大要は次の通りです。

燕子磯の碑

「1937年12月、日本軍の南京占領後、3万余人の武装解除した兵士と2万人の市民は燕子磯に集まり、北方に逃げようとした。日本の軍艦の封鎖に阻まれ、日本軍に包囲され、機関銃で撃たれ、ことごとく殺害された。屍は川淵に横たわり、血は川となって流れた。このことを思うと心が痛まないだろうか。ここに碑を建て、永遠に記して忘れない。昔の死者を悼み、のちの者たちが昔から教訓をくみ取り、力を奮い起こして中国を発展させ、世界の平和を守ろう」

村瀬守保さんという人が撮影した虐殺現場の写真があります。おびただしい人々が、人としての姿をかろうじてとどめているといった状態で水際に打ち重なり、その向こうに船着き場の桟橋が写っている写真です。燕子磯はその写真の情景を彷彿とさせるところです。初めてここへ来た時、そう感じました。今も毎年必ずここに立って、すぐそばの長江の水面を眺め、殺されていった人々の気持ちを少しでも推し量る時を持つことにしています。

燕子磯から長江に沿って遡り、幕府山のくぼ地で殺害された捕虜を追悼する草鞋峡の碑、捕虜と難民９０００人が殺害され、焼かれた中山埠頭の碑を廻ります。草鞋峡も中山埠頭もこの20年ですっかり様変わりしました。以前運転手さんが狭い道を苦労しながら目的地まで連れて行ってくれた道は、今は広い道路となり、道沿いにひしめいていた家並みは無くなっています。中国の発展ぶりに驚き、そしてそこに住んでいた人たちのその後が気遣われるところです。

南京は「かまど」と言われ、夏は猛暑が続きます。初めの頃は団員も若く沢山の碑を巡りましたが、この頃は把江門の碑で追悼の一日を終えます。碑は繍秀公園の中にあります。ここは虐殺現場ではなく、周辺で殺された人々の遺体を集めて埋葬したところです。追悼碑の多くはこのような集団埋葬地に建てられています。家族の看取りもなく殺されていった名前も分からない死者たちのことを偲ぶ場所です。今は緑豊かな繍秀公園はお年寄りの憩いの場となっていて、日本人の私たちを見かけ、話しかけてくる人たちもいます。こんな会話もありました。

あるおじいさん「あれは日本人か？　追悼碑があるから連れて行け」

戴さん「これから行きます。そのために来たんです」

おじいさん「燕子磯、中山埠頭にも行け」
戴さん「行きました」
おじいさん「それはいいことだ」

追悼式典

南京訪問の一番の目的は追悼式典参加です。かつて8月15日に日本人犠牲者の追悼をするだけではなく、日本人による犠牲者も追悼しなければという思いで、中国をはじめ東南アジアの各地で追悼の旅をする取り組みがありました。南京でも行われていましたが、私たちの旅はこれを継承しています。

式典は南京大屠殺遇難同胞紀念館（以下紀念館）の方々が準備してくださいます。私たちが滞りなく行事に参加し学ぶことができるように、館長さんや、日本語担当の蘆鵬さんをはじめ館員の皆さんが計らってくださるその細やかな心配り、笑顔で迎えてくださる温かさにいつも頭が下がります。

真夏の炎天下、幸存者も参加する紀念館の広場での式典は短時間です。館長さん、団長が挨拶し、全員で犠牲者に黙禱を捧げ、献花、その後メディアの取材を受けます。南京はもとより各地のテレビ局や新聞社が沢山集まり、記者会見などでよく見かけるシャッター音が鳴り響くというような状況が目の前で起こり、初めの頃はびっくりしました。たいていはお年寄りか若い人に取材が集中します。日本の戦争体験者と戦争を知らない若者の思いを聞きたいということでしょう。でも旅も23回を重ねると戦争体験者はおられなくなり、「家族に兵隊はいるのか」などと聞かれるようになりました。当日のテレビニュースや翌日の新聞でもその様子が報じられます。ほかでもないこの日に日本人が南京の地に立つことに対して、とても関心が高いのだと思わせられます。

幸存者のお話

式典のあと、館長さんとの懇談があります。前館長の朱成山さんは紀念館の拡充に大きな足跡を残された方で、「国と国との関係のために、人と人との関係を深めねばならない」とよく言われました。また「許しはする、しかし忘れてはならない」、そして「歴史を刻むべき、恨みを刻むべきではない」とも。現館長の張建軍さんは、幸存者の被害の状況だけでなく、その後の歩みや家族写真を記録し、また幸存者の二世や三世への調査活動を進め、二度と戦争を起こさないために歴史の記憶を次の世代に伝えることに重点を置いた取り組みをされています。かつて広報関係の仕事をしておられたそうで、絵本やパンフレットなども子どもや若者向きのものを充実させておられます。

幸存者も高齢になり、「今年は、もうお話を聞くことができないかも」と思いますが、戴さんや紀念館の方々のおかげで、現在まで毎年面会が叶っています。あの出来事から生き延び、そして現在まで命をつないできたのはほとんど奇跡に近いことと思えます。２０１１年以降に会って話を聞くことのできた６人の方々の証言のあらましを紹介します。

郭秀蘭さん

【郭秀蘭さん　当時6歳】

郭さんは家族で防空壕に隠れていましたが、日本兵に銃弾を撃ち込まれ、父母と生後8カ月の妹が殺されました。祖父と3歳の妹と逃げ延びました。郭さんのお話の中に、たびたび出てくる「鬼子」という言葉が胸に刺さりました。私たちは「日本鬼子」（日本の鬼、悪魔）の子孫であることを否応なく意識させられました。そんな私たちに、「日本人に対しては、戦争を発動した者には今でも恨みを持っているけれども、日本人民を恨んではいない、日本人は勤勉でやさしい」とまで言ってくださいました。

楊翠英さん

【楊翠英さん　当時12歳】

楊さんは、日本軍兵士により父、2歳の弟、母方の叔父、大おじを殺害されました。家族が殺されようとした時、彼女はひざまずいて命乞いをしましたが、日本兵のビンタを受け、耳が聞こえなくなりました。「父の死後、母は男の子を生んだけれど、食べ物が無く飢えて死んでしまい、母は泣きつくし失明しました。殺された30万人の中には自分の家族が入っています。遺体はトラックで運ばれ、池の中に入れられました」とも話されました。

日本では犠牲者の数をめぐって、「30万人など嘘、だから南京虐殺も嘘」という声がやむことがありません。確かに数に拘るのは、「嘘」という論調に絡めとられる恐れがあり注意せねばなりません。でも楊さんが30万人といわれると粛然とさせられました。楊さんにとって、そして、紀念館にとって、30万人という数字は一つの象徴なのでしょう。

【余昌祥さん　当時10歳】

余さんが「父が日本軍に徴用され、それきり帰ってこなかった、

余昌祥さん

陳桂香さん

どこで亡くなったかも分からない……」と話された時、いつも冷静で正確に通訳される戴さんがしばらく言葉に詰まりました。南京市民の戴さんにとって辛い思い出があるのでしょう。私たちは、息を呑んで再開を待ちました。続けて余さんは、敗残兵や市民の殺害を目撃し、また避難生活の中で、近隣住民が傷に苦しむ自分の兄弟や騒ぐ幼い子どもを殺さざるを得なかった状況を語ってくださいました。

【陳桂香さん　当時13歳】

　両親を亡くし祖母と暮らしていた陳さんは、隠れているところを日本軍に見つかり、レイプされそうになり、すきを見て銃撃を受けながら逃げ延びました。捕まった従姉はレイプされ、殺害されました。陳さんを守ろうとした祖母は銃で殴られ重傷を負ってのちに亡くなり、孤児になった陳さんは童養媳《トンヤンシー》（将来妻にするために貰う養女）となって生きざるをえませんでした。

岑洪桂さん

葛道栄さん

【岑洪桂さん　当時13歳】

岑さんは、父が抱いていた妹の顎を日本兵に撃たれました。藁ぶきの家には火が点けられ、兵士が銃剣をもって脅すために中で寝ていた弟を助けられず、その声がだんだん小さくなっていくのを聞くしかなかった体験を語ってくださいました。弟の亡骸はじゃがいものように縮んでいて、人のかたちをなしていなかったそうです。

【葛道栄さん　当時10歳】

葛さんは、おじたちを殺害されました。一人のおじは「日本人は悪いことはしない」と言って避難しませんでしたが、結局家に押し入られ、家財だけでなく、命も奪われました。葛さんも弟妹を抱いて隠れているところを見つかり、足を銃剣で刺されました。葛さんは「自分が生き延びたからこのような家族がいる」と言い、何十人もの一族の写真を見せてくださいました。

高齢の幸存者の体力を考え、証言の時間は1時間ほど、戴さんの通訳を介しながらなので、聞き取れる内容はわずかです。でもそれだけであっても大変な被害を受けられたということが伝わってきます。当時の被害だけではなく、生き延びたとはいえ、その後の人生において心身共に経験された苦難がどれだけ大きなものかについては、お聞きする時間が少なく想像するしかありません。

皆80歳を超えた方々なのに、暑い中、館まで来て思い出したくない辛い体験、自身や家族、親族の被害を話すことは大きな負担になり、その後何日か眠れなくなるという方もおられます。

郭さんの場合、お会いして挨拶する時小さく震え、目に涙もにじませておられました。分かってはいても日本人に会うのに平静ではいられないのでしょう。この時も本当に胸を打たれ、語っていただきたい、みんなで聞かねばならないと思いつつ、「もういいです。もう充分です」と申し訳なさでいっぱいになりましたが、ひざまずいて手を握り、さすってあげることしかできませんでした。安心できる言葉をかけることができればと、中国語力の無さを悔しく思いました。

皆さん、体験したことを日本人に伝えたい、歴史をないものにしたくないとの思いで一生懸命話してくださいます。話す前は固い表情だった方も、話し終わった後で必ず笑顔で握手をし、一緒に平和をつくっていこうとの意志を示してくださいます。楊さんは若い団員がお礼の品を差し出すと、抱きしめてもくださいました。その厚意、笑顔の裏には、消せない記憶と痛みがあるのだということを忘れないようにしたいといつも思います。

紀念館見学

２０１５年から、抗日戦勝記念日は9月3日になりましたが、8月15日はやはり特別な日です。夏休みでもあることから子ども連れも含めた沢山の市民が紀念館を訪れ、私たちはその中に交じって参観します。最初の展示会場の壁面には天井までびっしりと犠牲者の名前が刻まれています。家族ごとにまとめられているようですが、誰それの娘とか子などとだけ書かれ、名前が分からないものもあります。広島や長崎の原爆の犠牲者、沖縄戦の犠牲者の碑文にもこのように名前も残さず、消えていった人々がありますが、ここ南京でも同じです。

展示は膨大です。九・一八（柳条湖事件）から始まり七・七（盧溝橋事件）から日中全面戦争へと続く日本軍の侵攻の様子、東北地方、上海、そして南京への道が沢山の写真や地図で説明されています。

南京戦はまず空襲から始まりました。破壊された家並みや防空壕の模型、亡くなった子どもを抱いて顔を歪める父親の写真、子どもを抱きしめて空を見上げる母親の像、そして日本軍機を迎え撃ち戦死したアメリカ軍、ソ連（当時）軍、そして中国軍の兵士も紹介されています。空襲というと私たちは日本の戦争被害を連想しますが、１９４４年から始まった日本に対する大規模爆撃と同じことを、すでに日本の方が先に南京をはじめ中国各地で行っていたということを思い知るコーナーです。

南京攻略戦で国民党軍が頑強に抵抗した光華門の攻防の様子は壁一面に描かれ、爆破音、炎が音声と映像で表わされ臨場感があります。日本側の資料、例えば南京陥落を報じる日付のない『毎日新聞』の予定稿を見ると、当時のマスコミが戦意をあおるために果たした役割を感じます。

大勢の捕虜を縛り上げて連行したり、まさに刺突する寸前の様子を写した写真、捕虜の首切りの連続写真、民間人を殺害する瞬間や、射殺や焼殺された遺体が折り重なる様子を写した写真、乳母車に戦利品を満載して街を歩く兵士、強姦され悲痛な表情の女性を立たせて一緒に写した写真もあります。これらの中には、「不許可」と判が押された写真も沢山あります。南京占領後、写真を現像させられた写真店主が密かに残しておいたものもあるそうです。遺体を戦車がひき潰していく様子を伝える日本人の私信や、捕虜の処分を命じた上官の資料も展示されています。

日本軍の侵攻時、南京に残った外国人に関する展示も沢山あります。彼らは中国人と協力し、上海にならって難民の保護のために安全区国際委員会をつくり、安全区を設定しました。委員会の長はドイツ人のジョン・ラーベ、シーメンス社の中国支社総責任者でナチス党員でした。日本とドイツは同盟を結んでいましたから、日本軍との交渉に有利ということで委員長に推されたようです。

委員の一人、アメリカ人のジョン・マギー牧師が被害の状況を現場で撮影し、ひそかに国外に運び出されて南京事件を世に知らしめた「マギーのフィルム」が壁に映し出されています。そこには家族の前で日本軍に連行されていく青年、殺害されて池に浮かぶ遺体、傷を負って病院に担

ぎ込まれ診察を受ける人、すでに亡くなって硬直した子どもの遺体、妊娠中に日本兵士に襲われ、37カ所も刺されながら抵抗した李秀英さんも撮影されています。マギーは裁判で、家族のほとんどが殺害される中で幼い妹と共に生き延びた夏淑琴さんのことも含め、日本軍の残虐行為について詳しく証言しました。

食料の調達をした安全区の運転手マッカラムが、大量のそら豆を手に入れたのはいいけれど、毎日毎日朝昼晩それを食べることになった、そのしんどさを歌にして笑い飛ばす「そら豆の歌」の手書きの楽譜も展示されています。逆

紀念館の庭。敷かれた白い石は遺骨を表わす。右奥の二つの建物は遺骨館

境にあっても「にもかかわらず笑う」ユーモアが、地獄の南京にもあったということを教えてくれます。

館内には、ラーベをはじめ委員一人ひとりの写真が大きく貼り出されています。写真がなく名前のプレートだけだった人の展示に、次の年に写真が貼られているのを見ることもあり、ずっと調査が続けられていることが分かります。苦難の時期、危険を冒して助けてくれた人々に対し、南京市民は永遠の感謝の気持ちを忘れないのでしょう。

会場の床が透明になっていて、建設の時に掘り出された遺骨がそのまま床下に見えるようになっている場所もあります。数年前からその周囲に柵ができ、柵から頭が出せる年齢以下の子どもには見せないような配慮も行われていると説明を受けました。

漬物樽ほどの大きなガラス瓶の中に、虐殺現場の土を入れて展示しているコーナーもあります。ずらっと並んだ瓶には灰褐色になった土や石ころ、木の枝などが入っています。犠牲者の遺骨も混じっているのかもしれない、それはすでに風化して土くれとなっていたとしても、何事かを訴えているように思えます。また、激戦が行われたあちこちの門の煉瓦も壁に嵌め込まれています。こうやって現場の土や煉瓦を保存し、ものに語らせようとする試みは、体験者に会うことも話を聞くこともできなくなっていく時代にはとても必要なことだと思います。

遺体を埋葬した崇善堂などの人たちの顔写真、埋葬記録、証言なども壁にずらっと貼られていました。南京事件について日本では、特に犠牲者の数の多寡を取り上げ、ひいてはなかったことにしようという主張が今も繰り返されていますが、その動きに対し紀念館では客観的な資料を挙げて事実を示そうとする努力が行われていると感じられました。

会場は広く展示は沢山あり、2時間程度の参観では十分見て回ることができません。初めの方で時間をとるとあとは駆け足になってしまい、説明文も読み飛ばしてしまうことが多いです。でも、それまで気付かなかった展示が不意に目に入ることがあります。初めて仙鶴門の虐殺現場を訪ね追悼した時、いつもは通り過ぎていた小さなコーナーに目が留まりました。そこには仙鶴門で虐殺された人々を埋葬した証人による証言と、当時の土饅頭を写した現場写真が展示され、次の説明文が添えられていました。

「1938年初夏時分、仙鶴門いったいの麦畑に昨年の大虐殺の犠牲者の遺体がまだ残されていて、腐った匂いがしていた。村で人を集め、……大量の腐った死体を収集し、それを集めて埋めた。今仙鶴門街西側の野菜畑、貯炭場、……などはすべて千人墓の所在地である」

このように、フィールドワークと参観は連動します。

遺骨館で

私が必ず時間をとりたいのは遺骨館の訪問です。紀念館が建設された江東門は虐殺の跡地で、建設当初から犠牲者の遺骨が発掘され、「展示」されていました。1998年「むすぶ会」の2度目の訪中の時、館の拡張工事の際、広い範囲にわたって新たな遺骨が発見されたとのことで、私たちが前年に歩いた場所にはブルーシートがかけられていました。翌年訪問した時、そこは屋根で覆われ、発掘した状態のままで保存する遺骨館となっていました。何層にも重なる累々たる白骨、その中には手の平で掬えるほどの大きさの幼児の肋骨もありました。遺骨は訪れるたびに年々風化が進み、保存の改善が急がれます。

ここでは必ず対面する遺骨があります。頭の両側に鉄釘が打たれ、右側骨盤に楔型の刀傷のある推定19歳の女性の遺骨です。初めての時には傷跡は本当に生々しく衝撃を受けました。通路に向かって直角に横たわっているので、顔と顔とを向き合わせることができます。二つ開いた眼窩やずらっと並んだ歯、今は輪郭も崩れそうな「骸骨」ですが、じっと見つめていると次第に肉付けされてくるような気がします。

どんな顔つきの娘さんだったのだろうか、髪の毛の長さは？　多分綿入れの上着を着てズボンをはいていたのだろう、19歳までの日々をどのように過ごしたのだろうか、殺害される時はどれほどか恐ろしかったことだろう、彼女の目に映った日本兵はどんな様子だったのだろうなどと考えます。そして、今見下ろしている日本人である私のことをどう思っているのだろう、とも思います。そして、あなたのことを忘れない、必ず伝えるからという約束を新たにします。亡くなった人は丁寧に葬りたいというのが人の思いです。それに逆らってまで訴えたいことがある、葬りたい思いを枉《ま》げても残さねばならないもの、それを加害の側にいる私たちは受け止めねばならないといつも思います。

民間抗日戦争博物館

紀念館がリニューアル工事のため閉館中だった時、初めて民間抗日戦争博物館（以下博物館）を訪ねて以来、毎年訪問しています。公立の紀念館と異なり、民間人の呉先斌さんが私財を投じて造られました。呉さんはもともと歴史に関心があり、南京大学の高興祖教授のもとで働いていた時から一人でコツコツと抗日戦争の遺物を集めていました。実業家に転身後、自社ビルの中に博物館を開設、遺物だけではなく抗日戦争全体が分かるよう展示を充実させておられます。

登っていく階段の壁に、小さな身体に荷物をいっぱいぶら下げ「頂好《ティンハオ》！（最高！の意）」と親指を立てている少年兵、笑みを浮かべてカメラに向かう兵士などの写真が掛けられています。展示室の正面には壁面いっぱいに、抗日戦争中に作られ、のち国歌となった「義勇軍進行曲」が掲げられています。「起て、奴隷となりたくない者たちよ」で始まるこの歌は、中国人にとって誇らしい歌なのです。展示品は、南京戦を説明するパネル、戦った軍人たちの写真、抗日を鼓舞する品々（「抗日」と書いた茶碗や刺繍した布、筆入れやライターなど）、「慰安婦」とされた女性の遺品、老兵士の手形、そして「アサヒグラフ」など戦時中の日本の雑誌や新聞、千人針や出征を祝う幟、日本軍の刀や銃などのほかに、国内外の沢山の研究書もあります。

参観の後、日程が合えば呉さんと懇談します。いつもにこやかに歓迎してくださいますが、ある年、「ある意味、日本を諦めた」と言われたことがあります。ここ数年所蔵品を携え訪日、姉妹都市である名古屋で南京展を開いているが参観者は少なく、名古屋の平和と戦争記念館も訪ねたが被害の展示がほとんどで、南京事件については500字に満たない、日本人は東京大空襲や原爆がなぜあったか知ろうとしない、加害に対する責任感の欠如を危惧しているとのことでした。呉さんはそれでも私たちのために、南京での出来事を後世に伝えるために労をつくしてくださいます。自分たち世代は年を取っている、若い世代がどう考えているか話して交流し、これからを担ってほしいと願って若者たちとの面会をセッティングしてくださったこともあります。若者の一人は李陽さん。日本語を学び、留学したそうです。ＮＨＫの「その時歴史が動いた」も見ている、戦争の歴史を覚えて残酷なことを再び起こさないようにしたい、歴史を学んで未来の道を探っていきたいという言葉が印象的でした。もう一人は交換留学生として１年間日本語を学んだ陳肯さん。「自分は日本人や日本の国に対して好感を持っている。顔を合わせての交流は大事です」と話してくれました。

以前、広島で「南京展」を開いた時の思いを、呉さんは次のように話されたことがあります。

広島の平和記念公園に行き、被爆者の話も聞いた。人間同士、同情心は自然に沸いてくる。一部の中国人は原爆は自業自得だというがそれは間違っている。自分は賛同しない。それはあまりにひどすぎる言葉である。人間らしい取り組み、接し方が必要だ。現場に立って初めて原爆の威力を実感した。核がいかに残酷かの前に、それを作った人間がいかに残酷かと思う。皆、人間が作ったもの。人間の凶暴性をどうしたら食い止められるか、重い課題である。原爆は戦争策動者によって引き起こされたもの。でも原爆の被害者もまた加害国民だと知ってほしい。共通認識を持ちたい。一方的な取り組みは成り立たない。

また呉さんは、宮崎の「八紘一宇の塔」の礎石返還要求もされています。「八紘一宇の塔」は１９４０年、戦意昂揚を企図した「紀元２６００年」奉祝のために建てられました。礎石は日本の植民地や侵略した先から集められ、その中の三枚の石は南京の「明故宮」「中山陵」「紫金山」

からもたらされたものです。戦後、「八紘一宇」の碑銘はいったん取り除かれたものの、のちに復元され、「平和の塔」と呼ばれ観光の目玉の一つとなっています。石を返すのは難しいにしても、歴史的な経緯を書いた説明板を塔の前に建てるくらいはできることだと思います。

個人的で熱心な活動をされているため、呉さんの先祖の方も犠牲者なのかとも思いましたが、両親は事件後南京へ来た、親戚にも事件の犠牲者や抗日戦士はいない、一市民として南京に生きている限り町のために何かをしたいと思っているとのことでした。

「幸存者の家を訪ねて聞き取りをし啓発された。彼らの歴史をいかに後世に伝えていくか深く考えさせられ、それが活動の原動力となっている。日本軍は広い範囲で悪行をおこなった。戦争は人間を変える。普通の人が戦争に駆り立てられ、特別な環境の中で鬼となるということを知った。以前は日本人と日本軍の区別がなかったが、日本軍が悪いと指摘できる立場になった」と、活動を通して呉さん自身が変化したことも話してくださいました。博物館の名の通り、呉さんはとりわけ民間のつながりを大切にし、国同士には問題が多いけれど草の根のコミュニケーションを取り合っていきたい、今戦争ではないが平和でもない、完全平和になるよう力の限りで博物館を運営していきたいといつも言われます。「むすぶ会」も小さな民間団体です。呉さんの姿勢に私たちは励まされます。

南京利済巷慰安所旧址陳列館

南京の中心に近い利済巷の辺りは、かつて慰安所の密集地でした。南京利済巷慰安所旧址陳列館（以下陳列館）の建物は、戦前に建てられた最新式住宅を日本軍が接収し、慰安所として使用したもので、戦後その造りの良さからそのまま住宅として使われていました。老朽化し取り壊しも検討されましたが、多くの人たちの努力で陳列館として開館しました。

ここはかつて朴永心さんが日本軍「慰安婦」（以下「慰安婦」）の生活を強いられた場所です。朴さんは植民地朝鮮から南京に連行され、まずここで、次いでビルマを経て雲南の龍陵や拉孟でも働かされ、拉孟全滅戦の最後に妊娠中の身体で脱出、中国軍に捕えられ重慶を経て朝鮮に帰りました。彼女は、朝鮮民主主義人民共和国で「慰安婦」とされた過去を隠して生きてきましたが、1991年、同胞の金学順さんのカムアウトに大きな衝撃を受け、被害を名乗り出ました。そして女性国際戦犯法廷にも参加、支援者と共にこの利済巷や、そして拉孟、龍陵の慰安所を訪ね、自身がそこにいたと証言しました。これは大変稀有な例です。辛い過去と高齢をおして証言した彼女の勇気は、「慰安婦」問題の歴史の中で大きな足跡を残しました。

陳列館の前庭に女性たちの群像があり、その一人は妊娠したおなかを抱えている朴永心さんです。拉孟で脱出した際、米中連合軍に捕えられた時の写真をもとにつくられています。彫像の横、大きな壁面に日本軍の性暴力を受けた各国の被害女性たちの写真が掲げられています。その

陳列館の正面。中央が朴永心さんをモデルにした彫像

前の土は湿っていて、涙で濡れていることを表しているとのことでした。

館内に入ると、天井から渦巻状に巡らした鉄条網に貼り付けられた、被害女性たちの写真が目に入ります。20万人以上と言われる女性たちの被害の広がり、「慰安婦」の生活の苦難そのものを表しているとのことでした。慰安婦制度の歴史はパネルで展示されており、中国だけでなく東南アジア、太平洋諸島、そして日本の慰安所の説明もありました。

「慰安婦」の歴史を否認する日本の状況も説明されています。幸存者の提訴、国際社会への広がり、世界記憶遺産など展示は多岐にわたります。「突撃一番」などの避妊具、検査道具などの医療器材、化粧瓶なども展示されていました。日本兵が撮影した女性の写真もありました。まだ大人の身体になっていない少女たちは、暗い眼差し、硬い表情でレンズに向かっていました。

次の棟では慰安所が復元されていました。入り口には使用規則が掲げられ、廊下を挟んで何室も、女性たちが働かされた部屋が並んでいます。朴永心さんの部屋は19号、年若い女性がここで自由を奪われ、故郷に帰ることも許されず性奴隷としての生活を強いられたのです。

廊下の窓から外を見ます。今、南京の町が広がり、人々や車が行き交っています。当時とは町のたたずまいや人々の様子も随分変わったとはいえ、これと似た景色を、彼女は閉じ込められたここから見たことでしょう。そして故郷の町、親兄弟を思い、自分の行く末について募らせただろう絶望感を、ほんのわずかでも感じてみなければと思いました。

慰安所はここ以外にも南京市内外に沢山建設されました。載さんは長江を渡った浦口にも建物が残っているということで調べてくださり、行ったことがあります。浦口駅の近くの公園で寛ぐおじいさんたちに聞くと、「慰安所はあった」「父は詳しかったが亡くなった」「耳にしたことはある」「90歳の年寄りは詳しい」「新華街に万人坑があった」などと話してくださいました。あるおじいさんは初めは、「知っているけれど言わない」と言われましたが、調査のために来たと聞くと、それなら分かったと案内してくださいました。狭い路地の中を通って行くと、2階建てのアパートのような建物があり、ここがそうだということでした。利済巷のそれとよく似た建物でした。日本の占領期間は8年間、南京に残された侵略の跡は、市民生活のあちこちに残っているのだと思いました。

南京の門

戦前、南京市街はぐるっと城壁に囲まれていて、城門を通らなければ市内には入れませんでした。したがって南京の攻防戦では門を巡り激戦が行われました。激戦を制して市内に突入した日本軍にとって、門は征服の象徴のようなものだったのでしょう。初めに書いたように南京入城式の際、陸軍部隊は中山門から、海軍部隊は把江門から出発し、司令部までの道のりで威容を示しました。

中華門は南京最大の門で、要塞と言えるほどの壮大な規模を誇ります。入り口は3層になって

中華門。城門は三層になっている

いて、それぞれ上部から千斤閘《せんきんこう》という壁が落ちてきて、入り込んだ敵兵は門と門の間に閉じ込められ、せん滅される仕組みです。門の上には以前は城楼がありましたが、今は失われています。一番大きな門の上はサッカー場くらいの広さです。その真ん中に立って四囲を見回します。視界は３６０度、市内、市外が見渡せます。

　光華門は東の方向、その北には中山門があるはずです。遠く北の方に紫金山がかすんで見えます。みな激戦地です。城外、雨花台方面を見ると、道は真っすぐ南に延びています。この向こうから日本軍が怒濤のように攻め寄せたのだろうとその時のことを想像してみます。城壁に拠って必死で戦った兵士はどんな気持ちだったのか、全体の状況は一兵士には分かりませんから、自分の運命は眼の前の日本軍次第、勝つのか負けるのか、生きるのか死ぬのか、そんなことを考える余裕もなかったかもしれません。当初は勇敢に守っていても、いったん友軍が崩れ立つとどれほど心細かったでしょうか。退却する中で捕虜となり、虫けらのように殺されていったであろう兵士の無念が思われます。

ここに立つと、刻々と日本軍が迫って来る様子を砲弾の音の大きさによって感じていた市民たち、既に避難した富裕な人々とは違いどこへ行くあてもない包囲された人たちの恐怖も感じられる気がします。逃れた先に待つ長江沿岸での出来事を、真夏の太陽の下、一瞬想像してみます。幸存者の証言が現実感をもって思い起こされる瞬間です。「30万人の死者」というだけではない、1937年12月にここにいた人たちのことがとても身近に感じられる場所です。

上田政子さんのこと

門の中でも光華門については特別な思い出があります。既に門自体はありませんが、遺跡として整備されている、激戦で使われた堡塁を見学したことがあります。光華門はかつて「むすぶ会」の訪中に参加された上田政子さんゆかりの場所です。

上田さんは赤十字の看護婦（当時）として敗戦前後の南京で働いた方です。赴任してすぐ、看護婦の研修が終わった後、野外に遊びに行き、ある門の付近でお弁当を開くために座ったところ、お尻に固いものが当たり、何だろうと思って土をよけてみると白骨が出てきたそうです。上田さんは長い間そのことを誰にも言わずにいましたが、年を経て、あれは虐殺された人のものではないかと思い、その場所を探すために「むすぶ会」の旅に参加されました。一緒に光華門をはじめ、いくつか思い当たる門へ行ってみましたが、結局どこなのか分かりませんでした。戴さんの推測では、上田さんの記憶を総合してみると光華門ではないかということでした。

上田さんは、南京の虐殺に心を痛めると同時に、敗戦間際、次々と前線から送られ、充分な看護も受けずに亡くなっていった日本の傷病兵のことも忘れられず、南京に来られた折、その人たちも追悼したいと言われました。戴さんはその上田さんの気持ちにも理解を示し、訪中のたびに上田さんのことを話題にし、日本に来られた時、島根まで上田さんを訪ねてくださいました。戴さんは歴史の生き証人である上田さんを心から敬っておられるのです。

国際安全区

安全区とは初めは何か塀にでも囲まれている場所かと思っていました。実際はバスに乗ってぐるっと一巡りできるほどの、この街路からこの建物までという風に決められているだけの場所なので、日本軍が「敗残兵狩り」を行い、怪しいと見た青壮年を連行したり、強姦目的で女性を拉致することは簡単にできると分かります。その区域に、委員長のラーベの家があります。ラーベはここに大勢の難民を匿い、防空壕も造られたその庭にハーケンクロイツの大きな旗を広げ、日本軍機の爆撃から守ろうとしました。家は戦後南京大学の教員宿舎として使われ、初めて訪ねた20年前、屋根や外壁は傷み、階段はギシギシ音がし、老朽化が懸念されましたが、近年補修されラーベと安全区の活動を展示する紀念館となっています。

マギーが負傷者を撮影した鼓楼病院も安全区内にあります。一度参観したことがありますが、フィルムに写った映像を彷彿とさせる当時のままの建物が保存されていました。

安全区内の金陵女子文理学院（現・南京師範大学　金陵は南京の古称）は中国最初の女子大学。日本軍が接収したので爆撃を免れ、中国の古式宮殿建築様式を取り入れた美しい建物の多くは当時のまま残り、南京市によって保護されています。アメリカ人教員のミニー・ヴォートリンも委員の一人で、強姦、殺害の危険にさらされている1万人に上る若い女性たちを校舎に保護しました。それは時には敷地に侵入してくる日本兵と対決するような困難な仕事で、ラーベは、彼女が「親鳥がヒナをその羽根で守るように女性たちを守った」と言っています。幸存者の楊さんも、彼女に助けられた一人です。女性たちは彼女を親しみと敬愛を込めて「華小姐《ホアシャオチエ》」（ミス華の意。ヴォートリンは中国語音に近い華群と名乗っていました）と呼びました。しかし彼女は悪夢のような南京の日々の中で抑鬱状態となり、難民を十分に助けられなかったという負い目を抱えて米国に帰った後、病に倒れ、やがて自ら命を絶ちました。

ヴォートリンの胸像は、構内の木立ちの中にあります。台座には「金陵永生」（南京で永遠に生きているの意）と刻まれています。彼女は自身が語った「人生は、自分が生きるだけではなく、自分の能力、知識を使い、人を助け、世の中を幸せにすることが必要だ。そうしてこそ人生は豊かになる」の言葉通りに生き、そして南京でずっと記憶されているのです。

栄1644部隊

ハルビンの731部隊、広州の8604部隊の細菌戦による侵略の跡をたどる中で、それらの兄弟部隊である南京の「中支那派遣軍防疫給水部栄1644部隊」跡も訪ねなければと思うようになりました。現在は軍関連の病院になっていて見学は難しいとのことでしたが、そこは戴さん、何とか願いを叶えてくださいました。現在戦前の建物は数棟残っているそうで、それはどれなのか、資料集の当時の地図と照らし合わせながら歩こうとしましたが、それは出さないでくださいと戴さんに注意されました。いつものように立ち止まって説明することはできない、大勢で固まってはダメ、三々五々で歩いてほしいとも言われました。

古そうな建物の前で、入り口上の壁の石に彫られている「1929」の数字は病院創設の年、つまりそれは当時の建物であると教えてくださいました。看板はもちろん何もなく、何に使われていたものなのかも聞いてみたかったのですが、戴さんはちょっと説明したあと、ほぼ無言でずんずん歩くので諦めました。

細菌戦の研究、人体実験が行われた1科とおぼしき建物群にも「1929」の文字が入っていました。もちろん中には入れませんでしたが、ペスト菌に感染させたノミの扱いなどは大変慎重に行ったとか、人体実験の記録のために夜半まで部屋で仕事をしていたという元隊員の証言を読んだこともあり、それがこの建物の中で行われていたのかもしれないと考えると一気に当時へと時間を遡るような気がしました。

部隊の職員たちの宿舎は敷地の北奥に残っていて、かなり古びていましたが、今も人が住んでいるようでした。入り口に立っている女性に「写真を撮ってもいいですか?」と恐る恐る聞くと、笑顔で「いい」と言われたので、思い切って撮影させてもらいました。続いて「日本人?」と聞かれました。一瞬迷いましたが、「違います」と答え、「謝々、再見」といって別れました。ここは大変微妙な場所です。日本人ということでトラブルになると戴さんに迷惑がかかるかもしれず、屈辱ですがやむを得ず、「嘘も方便」と自分に言い聞かせました。

敗戦時、「マルタ」と称された「実験用」の人々を殺害し焼却した場所は敷地の西寄り中央のあの辺りか、焼却後の灰を埋めたのはこの入り口付近だろうなどと考えながら歩き、犠牲者の思いを心に刻みたいと思いましたが、ぐずぐずしていると皆さんに遅れます。団体行動の辛いところです。

病院はホテルのすぐそばなので、夕方の空き時間に一人で再度行ってみました。病衣姿の老若男女、車いすのお年寄り、見舞い客なのか池の傍の石のベンチで寛ぐ人たち、散策する人、そんな南京市民の間を歩きました。この人たちは１６４４部隊のことを知っているのだろうか、知ったら嫌な気がするのではないか、病気を治す病院なのだから、そんな恐ろしい無残な歴史のある場所にいるとは思いたくないだろう、歴史を刻んだ碑などが無いのもうなずけるなどと考えながら歩きました。時々人と目が合うと、怪しまれているのではないかとついつい気になって、一般人オーラを出し（ていると勝手に思い）ながら屋上で鳴いているカササギの写真を撮ったりしました。

殺害された人たちが埋められたと思われる場所では暫く立って思いを巡らすことができました。自分が今いるこの土の下にはまだ多くの人たちが閉じ込められたままかもしれない、もはや掘り返すこともできないのならせめてそんなことがあった、自分たちの先の世代がしたのだ、科学の名のもとに人を人として扱わなかった、人を踏み台にしてのし上がっていった世界があった、それは今も反省されることなく続いているということを、日本人は知るべきだと思いました。

時間は限られていて、広大な敷地の端から端まで歩くことはとてもできず、後ろ髪を引かれながらホテルに戻ると、部屋の窓からは病院のほぼ全体が見渡せる、しかも私の部屋は1科のすぐ前だということに気付きました。当時の地図と照らし合わせながら場所の特定に挑戦してみました。これも結構怪しい行いに見えたかもしれません。向こうの監視が厳しかったら呼び出される事態になるかもしれず、はじめは恐る恐るカーテンの陰から見ていたのですが、次第に大胆になって窓際に寄って撮影までしてしまいました。あの恐ろしい細菌戦部隊の跡が今も残っていて見ることができる、しかしそこは南京市民にとって、とても大事なところ、またおそらく南京市民はこのことをほとんど知らず、仕事や観光で南京を訪れる日本人ももちろん全く知らない、いろいろな意味での沢山のギャップについて考えさせられました。

夫子廟の雨花石《うかせき》

「むすぶ会」はほとんど観光をしません。折角の古都南京なのですから、文化財や、戦争関連以外の歴史的な遺跡を見て回りたいのはやまやまですが、日数は限られているのが悲しいところ。それでも夕食のあと、夫子廟は必ず散策します。沢山の土産物店が軒を並べ、運河に浮かぶ船のイルミネーションも色とりどりで、お上りさんたちが行きかう賑やかなところです。

私はここでよく、南京特産物の雨花石を買います。高価な細工物を作ったあとのかけらを丸め穴を開けたのが、一つかみ30元くらいです。掬ってはいけません。あくまでもつかむのです。茶や緑、黄色で素朴な味わいがあり、結構人目に付きます。これでストラップを作りポーチなどに付けていて「きれいね」と言われたり、「それ何?」と聞かれたら、「南京で買ったのよ」と答え、そこからおもむろに南京の話に入っていきます。人にいきなり南京事件の話はできません。でも石から始めて「南京に行った」「何しに?」「歴史の勉強」「歴史?」「南京事件ってあるでしょ」「あれってほんとにあったの?」「行ってみると分かる。○○も見たし、××も行ったし」

などと説明ができます。
夫子廟では、土産物店の若い店員の方とこんなやりとりをしたこともありました。
彼女「南京は初めてですか」
私「13回目です」
彼女「では紀念館に行くのですか」
私「はい」
彼女「（にっこり）そうですか！　うちのお父さんも行くのですよ！」
13回目と聞いて、紀念館の追悼式典に参加するのだと連想したのでしょう。私たち訪問団の活動が南京の地に根付いているのかしらと、ちょっと嬉しくなりました。
観光といえば、一度だけ南京博物院に行きました。とにかく収蔵物の豊富さ、質の高さに圧倒されました。近代以前、日本はこの中国文化を尊敬し学び続けてきました。しかしその尊敬の念は中国の王朝文明に対するものでしかなく、王朝が弱まり滅びていくと国そのものを軽んじ、蔑視し、やがてその資源、労働力を我がものにしようと侵略を始めていきます。文化を生み出した人々の力を正しく捉えることができなかったが故の暴挙だということを、質量共に膨大な所蔵物に囲まれながらしみじみ思ったことでした。戦跡巡りだけではなく、いつかこのような文化を堪能する中国の旅をしたいというのが私の見果てぬ夢です。

第２部

日中戦争をたどる

■南京・燕子磯の追悼碑の前で

海南島の三光作戦

海南島は台湾と並び、「中国の二つの目」と言われるほど戦略的に重要な地点で、日本軍は仏領インドシナに軍を進める前、1939年2月10日にこの島を占領しました。現在海南島は「東洋のハワイ」と言われ、観光開発が急ピッチで進んでいます。

訪中前、戦争体験者の父に、今年は海南島まで行くと報告しました。私が侵略の跡地をたどり、自分たちの世代の代わりに贖罪をしていると思っている父ですが、「海南島でまでは悪いことはしとらんじゃろう」と言いました。図書館で調べた戦争中の海南島関係の本も、南方の風物、資源の豊かさについてのものが多く、戦争関連のものも、日本軍がいかに善政を敷いているか、多少反抗する分子はいても大したことはない、討伐してそれでおしまいという書き方でした。「討伐」という言葉の中身を想像してみた日本人は多くないと思います。

中国の、特に日本軍と抗日勢力とが拮抗しているところで討伐は盛んに行われました。海南島でも華北などと同じで、いわゆる三光作戦、皆殺しが行われました。

今回は虐殺現場の一つ、北岸村の五百人碑を訪れました。1941年6月24日、北岸村と近隣

五百人碑

の二つの村は日本軍によって包囲され、499人の村人と通行人が殺されました。

小雨がやみ、強烈な南国の太陽が照りつける田畑の一角に碑はありました。ここで幸存者にお会いできるとは思っていなかったので、中国側スタッフの尽力で、幸存者の何君苑さんにお会いすることができたのは大変ありがたいことでした。しかし若い人でも辛い酷暑の中、顔に深い傷跡を刻んだ高齢の被害者の方からお話を聞くのは、本当に申し訳ない気がしました。もう、そこに立っていて下さるだけでもいいという気持ちでした。

何さんは黎族ですから、インタビューは現地ガイドの姚さんと黎族の言葉が分かる人の二重通訳で行われました。5歳だった何さんを除き家族は全員殺され、孤児になり解放まで一人暮らしだったということです。何さんはシャツを捲り上げ、傷跡を示そうとして下さいました。

幸存者の何君苑さん

若い姚さんは、このような出来事を教えられていなかったのでしょう。彼にとっては不意打ちに近い言葉を聞いて動揺し、涙を浮かべ「今の私たちには想像もできないことです」と言ったきり、通訳できなくなりました。

　暑さの中、何さんの体調が心配でしたが、何さんは記念写真にも付き合って下さいました。細い農道には、先導のパトカーが止まっており、公安関係の人たちが取り巻き、また大型バスが道を占領しているのも気がかりで、大急ぎで引き上げることになりました。

　バスの一番後ろの座席から手を振ると、何さんも手を振って下さいました。農民の何さんにしたら、こんな暑さなどどうということはないのかもしれません。しゃんと背筋を伸ばし、村の人と一緒に歩き出していきます。小さくなる何さんの姿、反対に車窓から見える村の視界は広がっていきます。まばゆい陽光、真っ青な空の下の緑濃い山や林、田畑。この場所が惨劇の舞台だと思うと、何とも言えない胸苦しさを覚えました。

　いつも思うのですが、辛いフィールドワークでも、食べるものはちゃんと食べられるのですね。お昼は海南島料理でした。ご馳走のアヒルが出ました。北京では北京ダック、南京には南京ダック（こちらが本家だという南京人もいます）、海南島では海南島ダックというのでしょうか。鶏より野趣のある味でした。

特攻兵器「震洋」

昼食後、猴島に渡りました。港で小さな渡し船に乗り対岸に着くと、トロッコのような車で遊覧するようになっています。小型の特攻ボート「震洋」の格納庫跡へ行くのが目的です。今回は、ぜひぜひ行ってみたいとお願いしていました。

初めからそう思っていたわけではありません。海南島へ行く話をした時、父から「海南島には同期のMがいた」「海南島で震洋に乗っておった」と聞いたのです。その時私は「シンヨウ？」と聞き返してしまいました。漢字に変換できなかったのです。「知らんのか」と嘆かわしいという顔をされてしまいました。それは私だって、カミカゼや回天や桜花くらいは聞いたことはあります。でも震洋は知らなかったのです。というより偶然知る以外は知ろうとしなかったのかもしれません。

特攻作戦には、もともと強い拒否感がありました。父は乗っていた巡洋艦が沈められた後、本土に戻り航空機要員として訓練を受けていたので、もう少し戦争が長引いていたなら特攻に行ったでしょう。そうすると私はこの世にいなかったということになります。特攻を賛美する一部の風潮にも反発を覚え、特攻なんか大嫌い、関わりたくないと思っていました。

けれども海南島行きの予習をする中で、いろいろなことを知りました。父の同期のMさんが、三亜の１０３震洋隊の隊長だったということを知ったのは驚きでした。20歳の若者が、平均年齢17歳の搭乗員と、基地員合わせて１８０人に上る隊員を任され、命がけの厳しい訓練の指揮をとり、敗戦後の処理も行ったのです。

震洋はベニヤ板で作ったモーターボートのようなもので、舳先に２５０キロの爆弾を積み、敵の船の横腹に90度の角度で突入することを目的として作られました。当時余っていた自動車エンジンを使ったので速度はそれほど出ず、船体が小さいため外洋に出ることもできません。海辺の洞窟に潜み、米軍の舟艇が海岸に接近してきたら出動し、群がって攻撃することになっていました。軍の試算では、成功率は1割だったそうです。舵は固定できるように設計されていたので標的に合わせ固定し、ギリギリのところまで近づいて海に飛び込むこともできるようになっていました。しかし実際はそのような訓練は行わなかったし、飛び込んだとしても、機銃や砲弾の飛び交う海上で助かる見込みはありません。少年兵の命は使い捨てです。

戦争末期、このような武器を考案し、沖縄をはじめ日本各地、済州島沿岸、台湾、香港、そして海南島にも配備しました。訓練中の事故も多く、運搬中に撃沈されたものもあり、フィリピンと沖縄でわずかな戦功を上げたに過ぎません。海南島の部隊は米軍の上陸に備えていたのですが、米軍は沖縄に向かい、沖縄援護もできず、手をこまねいたまま敗戦の日を迎えたのです。

父は「Mは悪いことはしとらん、そんな暇はなかったはず」と言います。聞いてみると、Mさんは訓練の棒倒しの時など、棒の根元でうずくまって支える一番しんどい役を引き受けるような、「いいやつ」だったそうです。母が亡くなったあと、体調を崩した父を励ますために、同期の人たちに呼びかけて寄せ書きを送ってきて下さるような優しい方です。隊長として赴任した海南島でも、「大東亜共栄圏と言いながら、住民の土地を取り上げるのはけしからんことです」と憤慨する部下の言い分をもっともと思い、上部に掛け合って改善させたそうです。また、震洋の訓練中、ベニヤ板も砕けるかと思われる波のエネルギーを体験し、敗戦後、波力エネルギーの開発に情熱を注がれました。

そんなMさんですが、「震洋の格納庫は、西松組の人たちが造ってくれた」と著書に書き、そこで行われた強制労働については全く触れておられません。知らなかったのか、見ていても気付かなかったのか、気付いていても記録しなかったのか分かりませんが。もっと詳しいことを知りたくなりお訪ねしようとも思ったのですが、すでに亡くなっておられました。

格納庫になっていた洞窟の前に立ち、数カ月後、数日後の死を見据えて訓練に励んだ若い人たちのことを思ってみました。洞窟内は暗く、足元は悪く、入るのはためらわれましたが、団員の一人がすたすた入って行くのを見て勇気づけられ、足を踏み出しました。ガイドの姚さんが慌てて蛇除けの棒を片手に、追いかけてこられました。迷惑をかけているとは思いつつ、ほんの少しの時間でも少年たちがいた空間に立ち、眺めたであろう入り口の明かりを見ることができまし

震洋の格納庫跡の中から外を見る

た。

格納庫の中には、ダイナマイトを仕掛けるための穴が幾つも見えました。発破をかけるのは危険な作業です。その作業を担ったのは中国人や朝鮮人の労工でしょう。突貫作業では事故も多発したことと思います。洞窟のごつごつした岩肌は何を見ていたのだろう、そんなことも思われました。

格納庫跡を出て、再び車で海岸線を回りました。途中下車し磯まで下りました。南国の光も風もさわやかで、はるかな水平線まで続く青い海原、湧き上がる白い雲、打ち寄せる波を楽しみました。でも、私が貝殻なんかを拾って遊んでいる海辺で、彼らはどんな気持ちで過ごしていたのだろう、彼らにとっては決して遊び場などではない、死に場所だったんだ、そして、彼らの故郷の父母は、子どもたちがこんなにも美しい風景とは裏腹の苛酷な訓練をしていることを知らなかったのだろうなあとも思いました。

敗戦時、意気消沈、茫然自失する隊員を見兼ね、M隊長は、震洋を出航させ、海上で銃を撃ちまくらせたそうです。それはここだったのかもしれない、住民はさぞかし恐ろしかったことだろう、などということも考えました。こんなきれいなところで何で私がこんなことを思わなければならないのか、何も考えずに楽しめたらいいのに、でもこれがこの旅のこの旅たる所以なのだとも思いました。

強制連行の跡地

翌日は島の西の八所港まで行きました。八所は日本窒素が収奪した石碌鉱山の鉄鉱石を積み出すために、日本軍が西松組と共に築いた港です。鉱山の採掘はもちろん港も、港までの鉄道も、やはり強制連行した人々に造らせました。

海南島の土木工事のほとんどは、中国人、朝鮮人、連合国軍（イギリス、オーストラリア、イギリス領インドなど）捕虜の強制労働で行われました。酷使され亡くなった人々は万人坑に捨てられました。

港を見渡す、かつて万人坑のあった場所に、犠牲となった労工を追悼する碑が建っています。碑

八所の監獄跡

文によると、築港には2万3000人以上の労働者が使われ、工事が終わった時、生き残っていたのはわずか1960人余りだったということです。

碑のそばに当時の監獄跡が残されていました。労工を監禁した場所です。入り口以外は高いところに小さな窓があるだけ、残酷な制裁を加えられた後、ここに放置されたのでしょう。「追悼碑と監獄のある一帯は、責任を持って保存しなければならない」と書かれた碑が、監獄を守るように置かれていました。

最終日、三亜東方の田独へ行きました。田独鉱山は石原産業が日本軍と共に資源調査を行い、採掘した

田独の万人坑の説明碑

鉄鉱石を八幡製鉄所に送っていました。田独には戦後すぐ労働者が建てた「日寇時期受迫害死亡工友紀念碑」と書かれた簡素な碑があり、その傍らに、海南省人民政府と三亜市人民政府が建てた大きな碑がありました。後者の碑文には「朝鮮、印度、台湾、香港、及び海南省各市県から連行されてきた労働者がここで虐待され、労働させられて死んだ」と刻まれており、黙禱を捧げました。

土砂降りの雨の中、三亜市北方の朝鮮村に向かいました。ここは黎族の村ですが、そこで殺害された朝鮮人1000人を悼んで、村人が朝鮮村と名付けました。

日本は植民地とした朝鮮から、多

くの人々を強制連行し、日本の至るところで強制労働させました。また海南島にも連行し、働かせ、そして殺害しました。その中には、「南方派遣報国隊」（海南島では「朝鮮報国隊」）と呼ばれる人々がいました。１９４３年から44年にかけて、朝鮮の全獄中者の1割２０００人（治安維持法違反の政治犯も含まれていました）を、刑期を短縮するという条件で海南島に送り込みました。彼らは現地の人々から隔離されていましたが、日本軍による虐待、殺害を人々は目撃しています。殺害された人の遺骨が発掘され始めていますが、それが誰のものであるか分かっていません。

朝鮮村には韓国の篤志家によって建てられた追悼碑がありました。ハングルで書かれたものと、中国語で書かれたものとの二つです。ここにも開発の波は迫ってきており、いずれこの碑も撤去されるだろうということでした。観光開発と歴史の保存という二つの課題の中で、この島も揺れ動いているのだと改めて思いました。

「3年8カ月」

香港と日本軍との関係はあまり知られていません。私自身も知りませんでした。1941年12月8日真珠湾攻撃の直後、日本軍は広東省から国境を越えて香港に侵入、同25日、英軍は降伏しました（香港人はこの日を「ブラッククリスマス」と呼んでいます）。香港はアジア太平洋戦争勃発の直後、「大東亜共栄圏」の最初の占領地となりました。

かつて教員をしていた頃、クラスのある生徒のお母さんが香港の人でした。両親が結婚する時、母方の祖母から「日本人なんかと絶対に結婚させない」と大反対されたそうです。「おばあさんは日本軍のことをどんな風におっしゃっていたの？」と聞くと、「日本軍は、人を、網で魚を捕まえるようにしてさらっていったと、おばあさんから聞きました」と彼女は言いました。それを聞いて、香港でもやはり侵略の歴史があることを実感しましたが、まさかここまでとは思いませんでした。

今回「3年8カ月」の日本軍の占領期が、固有名詞として使われていて、香港人にとって忘れられない歴史だということ、生徒のおばあさんのお話は「3年8カ月」の間に人口を100万人減少させた日本軍による「人口疎散政策」だったということを知りました。１００万人の中には、大陸の郷里に強制的に帰還させられた人だけではなく、海南島などに強制連行され労働を強いられた人、その地で飢えや病気、けがで亡くなった人、さらには無人島に置き去りにされたり、果ては移動と称しての連行途中、海中に放り込まれて殺害された人もいます。

実際は、日本軍の占領よりも英領植民地の歴史のほうがはるかに長いのですが、日本が「鬼」と呼ばれて憎まれたのは英国の比ではありません。英国はトーチカや塹壕を築くに当たって香港人に任せました。任された香港人がピンハネし、同胞の労働者にはわずかな日給しか渡らず、香港人が香港人に恨みを持つことになったのです。一方、日本の直接的な暴力は多くの犠牲者を出し、それが「3年8カ月」の恨みの一つとなっています。

まずバスで城門郊野公園に向かいました。公園は日本軍防衛のために18キロにわたって築かれた酔酒湾防線（ジンドリンカーズライン）の見学拠点で、山の中に英軍のトーチカや偵察所、塹壕、地下道などが残っています。この防衛線が突破されると九竜市内に突入されるという、大変重要な防衛拠点でしたが、日本軍はわずか一日でその一角を崩してしまいました。

公園を案内してくれた陳さんは歴史好きで、あちこち自分で探訪されるそうです。その彼もトーチカや塹壕には今回初めて行ったとのことで、まあ英国にしたら負け戦ですからあまり有名にしてほしくなかったのでしょう。トーチカや塹壕の壁が年月を経たにしては状態がいいのは、地元の人たちが修復したからとのことでした。

英軍のトーチカ跡

遺構は小さく、塹壕も人一人がやっと歩ける狭さで上方は1メートル近いコンクリートで固められていますが、壁は20センチ程の厚みしかありません。こんなもので日本軍を防げると思ったのでしょうか。かつて旅順や虎頭の要塞を訪ねた時、その壮大な遺構の前に立って、旅順のロシアも虎頭の日本も、それぞれが、対峙する敵に対していかに恐れを抱いていたかが感じられました。その巨大さと比べると、東洋のマジノ線とすら呼ばれたこの防衛線の華奢なことは意外で、英軍の自信というか、驕りともいえるものを感じました。

トーチカに向かう道々、陳さんに日本軍の被害について聞いてみました。お父さんは日本軍に雇われて馬の世話をし、お金もお米も貰うことができ、お母さんも田舎にいたのでたいした被害にはあわなかったと言われました。友だちの肉親の中には被害にあった方もあるそうです。

街に残る日本軍支配の跡

次に新界地区東部にある西貢に向かいました。香港を占領した日本軍が支配できたのは香港島と九竜半島の南部で、その周辺では抗日の活動が盛んでした。そのため日本軍は新界など周辺地区で虐殺事件を多く起こしました。

西貢は、かつて車も通れない1本の細い道が九竜に通じるのみの要害の地でした。そこに「抗日英烈紀念碑」があります。中国には、紀念碑や追悼碑は沢山ありますが香港にはこの西貢と烏蛟騰の2基しかありません。

西貢の碑は抗日遊撃隊や地下工作者を追悼し、1987年建立されました。今、西貢はリゾート地となっており、薄曇りの中、時おり射す陽光で海が綺麗に見えました。碑はその海に面して、侵略者を二度と寄せ付けまいとするかのように高く聳え立っていました。

香港島では交通事情によりバスを停車させて見学することはできず、多くの戦争関連施設は車窓見学となりました。延々と山を登りつめた辺りで、窓の外に見えるマンションが忠霊塔跡だと気付きました。忠霊塔そのものは破壊されていて現存しませんが、マンションの擁壁はその台座を転用したものです。忠霊塔は香港総督の磯谷廉介が香港、九竜全域、出入りする船舶、南方海上を航行する船からも見えるようにと、標高355メートルの山上に造らせたものです。香港市民に寄付を強要して工事を進めたものの、資材不足で完成を見ず、解放後爆破されたということ

西貢の追悼碑

とです。写真では実感できない忠霊塔の大きさを、台座の規模から想像することができました。確かに、完成すれば香港島に聳え立ち、周囲を威圧する巨大建造物となったでしょう。

山を下りて市街地に入り、車窓から、高級慰安所として使われた千歳館跡や、総督部として使われた銀行（建物そのものは建て替えられて近代的なビルに変わっています）、駱克道の慰安区、大仏口の防空壕跡、そして今は立法議会（議事堂）である旧憲兵隊本部の建物を見ました。

自由時間に旧憲兵隊本部へ行ってみました。当初は高等法院だったもので、10年以上の歳月をかけて建築された立派な建物です。「3年8カ月」の間日本軍に接収され、憲兵隊本部として使われました。近くで見ると壁面の弾痕が良く分かり、市街戦の激しさが思われました。この建物をぐるっと回って顔を上げると、目の前に総督部だった銀行のビルが聳えています。本を読んで

旧憲兵隊本部跡。後ろは旧総督府跡にたつ新しい銀行のビル

も、バスで回っても今一つ分かっていなかったのですが、総督部と憲兵隊本部の建物は道一つ隔てて真正面に向かい合っているのでした。

憲兵隊は強権政治の中心的存在でした。香港市民の生活の隅々まで見張り締め付けるだけではなく、全く法に基づかないリンチまがいの弾圧を行い、まさに蛇蝎のごとく憎まれていました。香港の支配は総督部、憲兵隊が一体となった、まさに軍事支配であり、両者は物理的にも最も近い場所で香港市民を威圧していたことが、二つの建物の位置関係から本当によく分かりました。

香港軍票問題

日本軍は市民に香港ドルと軍用手票（以下軍票）との交換を強いました。香港ドルを隠し持っていて殺された人もいたぐらいです。戦争末期軍票は濫発され、物価は高騰、食料は欠乏し、市民は飢えに苦しみ、餓死者も多く出ました。軍票の裏側には、日本円との兌換が明記されているにもかかわらず、敗戦後日本は一片の大蔵省声明で軍票の無効を宣言し使用を禁じました。香港市民は知るべくもなく、日本政府による交換を信じ、求めましたが、経済成長を遂げたあとも日本は約束を守らなかったために、ついに1993年、裁判に訴えました。結果は敗訴に終わりましたが、毎年協会の人たちは日本大使館に賠償を求める書類を提出しています。また中国返還後の2002年には中国の外交部部長が東京で訴えましたが、日本政府は反応しないままです。

植民地となり政治の激動に揉まれ、その多くが難民を出自とする香港市民がお金を大切にする気持ちには、私たちが想像する以上のものがあるそうです。その人達の訴えを、たとえ何十年前のことであっても、放っておいては、またしても日本は道義のない国と思われてしまいます。

その軍票問題の被害者である香港索償協会有限公司の方々にお会いしました。ちょうど持参していたフィールドワークノートに、協会の前主席であった故呉溢興さんが「アジア・太平洋地域の戦争犠牲者に思いを馳せ、心に刻む集会」でされた証言の記録が写真入りでありましたので、呉さんのお連れ合いにお見せすると涙ぐんでおられました。7歳の時、湾仔に住んでいて空襲にあった方が被害を話して下さいました。

香港での日本軍による被害は空襲から始まりました。爆死はもとより、音と振動だけでも特に子どもたちに与える影響は甚大でした。直接の怪我がなくても亡くなってしまった子どももいます。子どもたちの被害で言えば、軍政時代、学校の多くは閉鎖され、また多くの子どもたちが避難したり、憲兵を恐れて外出しなかったため児童、生徒の数は11万人から2000人に激減しました。教育の中断は、解放後も一人ひとりの人生に、また香港全体にとっても大きなマイナスとなりました。

帰り道、タクシーに分乗しましたが、あとでグループごとに料金がかなり違うということに気付きました。嫌な日本人からは、沢山料金を取るという話を読んだことがあります。私たちのグループは高かったので、嫌な日本人の範疇に入れられたのかと思うとちょっと辛いものがありました。

周縁での抵抗

最終日、香港歴史博物館を見学しました。ここはガイドブックに「何を措いてもこの博物館は見るべき」と紹介されていますが、時間がなく、はじめから最上階の「3年8カ月」のコーナーを目指しました。占領時代のフィルムが流されており、戦闘シーンなどのBGMが日本の「ねんねんころりよ〜」の子守唄だったのには驚きました。

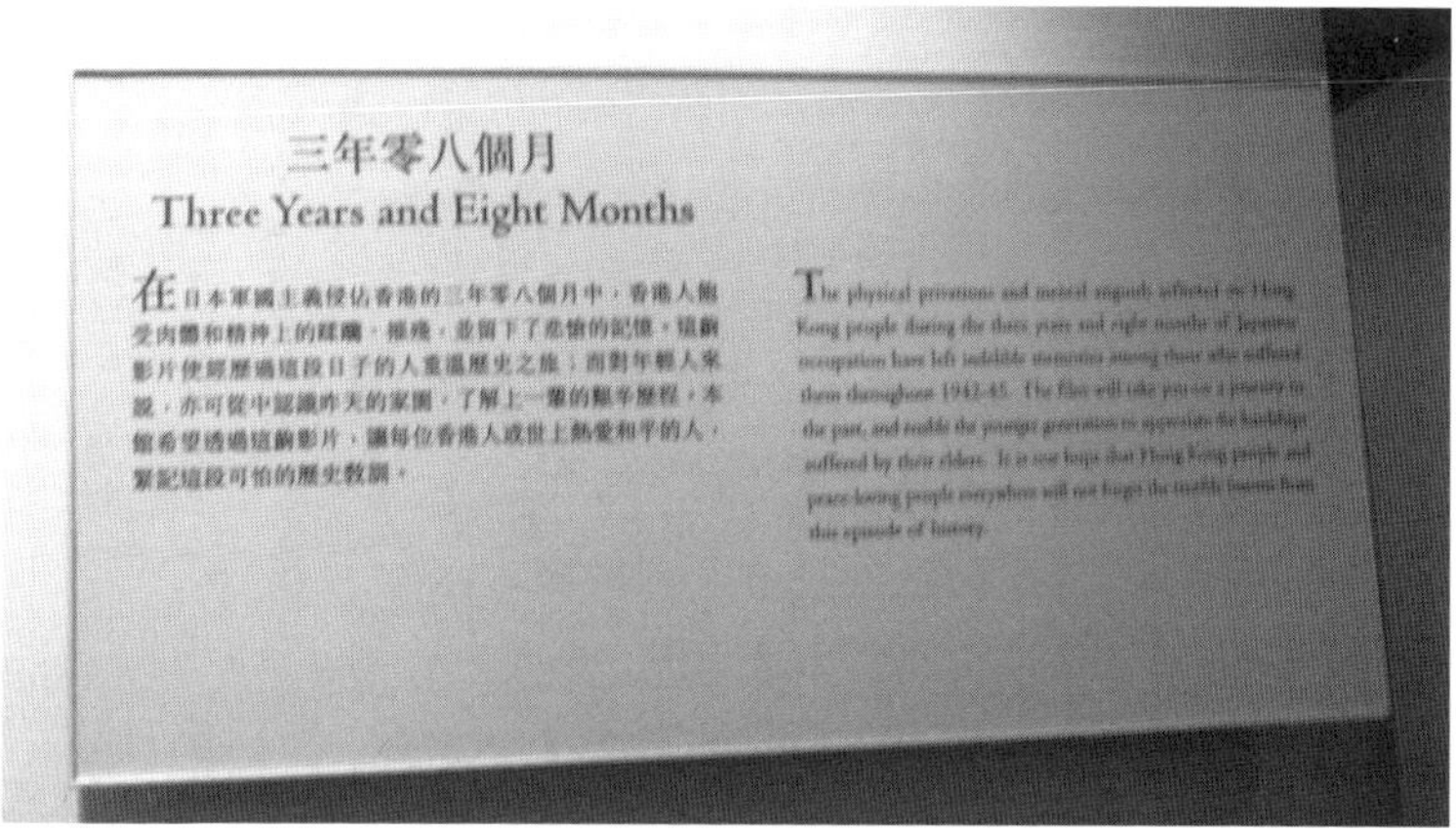

「3年8カ月」の展示

香港で活躍した抗日組織、港九大隊の説明もありました。港九大隊は抗日戦を戦うのみならず、日本軍の情報も集め、また、陥落後の香港から茅盾や夏衍などの作家や、廖承志のような政治家を脱出させています。茅盾が香港脱出記を書いていますが、妻と仲間たちと共に、日本軍、国民党軍のみならずやくざや追剝までもが横行する大陸までの道を、影のように支える抗日組織によって脱出していく様子がドキュメント風に描かれていて興味深いものでした。当時中国の大スターだった女優の胡蝶は憲兵の侮辱に憤り、香港を脱出して重慶に現れ、蒋介石を喜ばせ、日本の参謀本部を激怒させましたが、彼女もおそらくは港九大隊に少なからず手引きされたのではないかと想像されます。説明によるとこの大隊は東江縦隊五個大隊の一つで、西貢と烏蛟騰はその最も活躍した場所、それだけ日本軍とのあいだの緊張関係も高かったのでしょう。

東江縦隊が出した8月15日付のビラは次のような内容でした。

「投降を勧告し、安全を保障する。ただし抵抗すれば死ぬことになる。日本人民が平和で民主的な新国家を作ること、新しい民主主義の政府を作ることを援助する」

ポツダム宣言を思わせます。

日本に対する断固とした物言いの中に、抗日戦争を戦い抜いたという自負が感じられる一方、更に脅威であり続けるであろう日本軍に対する警戒が読み取れます。8・15はここでは平和の到来ではなく、緊張関係は続いていたと感じました。実際この勧告にもかかわらず、隣接するランタオ島では、憲兵隊が8月19日に四つの村の討伐を行い、虐殺事件を引き起こしています。

他の展示品もゆっくり一つひとつ見たかったのですが、集合に遅れては大変なので、出口に向かってざっと歩きながら見ました。ジャンク（木造帆船）の実物大模型、波止場の一部、住居、米や卵、干し魚などを並べた食品店、美しい服が掛けられた仕立て屋、薬屋などが再現されていて、豊かな香港人の暮らしぶりを垣間見ることができました。おおかたが難民出身で大変な苦労の末、安定した生活、富を築いた香港市民の、自分たちの歴史への誇りが感じられるような展示でした。

上海淞滬《しょうこ》抗戦紀念館

帰路上海に立ち寄り、宝山臨江公園の中にある上海淞滬抗戦紀念館を参観しました（中国では

2度にわたる上海事変を淞滬戦争と呼びます）。上海での抗日の英雄の写真や遺品も沢山展示されていました。更に名もなき人々のことも。正規戦が終結した後も、浦東民衆武装決起と呼ばれる抗日活動が行われました。周辺地区でのゲリラ戦です。淞滬五支隊と呼ばれる、浦東、嘉定、崇明、南淮、青浦の五つの遊撃隊が日本軍と粘り強く戦いました。今はビルの林立する浦東地区ですが、当時は全くの田舎でした。周辺地区で老若男女、様々な職種の人々が実に粘り強い抵抗をしたのは、各地の紀念館の展示で知ることができますが、上海でも同じです。人々は侵略軍と対峙し、悩ませ恐れさせ、その結果大小の三光作戦が展開されました。ゲリラ活動と三光作戦とのつばぜり合いは、日本軍が退くまで続きました。抵抗を続ければそれだけ犠牲も大きかったことでしょう。館の一角、ほんの小さな展示でしたが、この土地であったことを記録しよう、忘れまいという気持ちが感じられました。

紀念館では11階の展望台まで登りました。遠くまで長江を見晴らすことができます。中洲の崇明島を対岸と見間違う人がいるほど、長江は大きいのです。黄浦江も遠望できました。この河も結構大きいのですが、長江に比べると子どものようでした。毎回中国に来て感じるのは、その国土の広大さです。我がものなんかにはできない、仲良くするしかないといつも思います。

琉球藩民の墓へ

台湾桃園空港に着陸、華聯旅行社の金啓功さん、ガイドの黄傳盛さんの出迎えを受け、バスで車城郷統埔村の琉球藩民のお墓に向かいました。

1871年、那覇から帰る途中の宮古の進貢船が嵐にあい、台湾南部の東岸に漂着。藩民は「原住民」*であるパイワン族に助けられたものの疑心暗鬼になり、ちりぢりになって逃げる途中、捕まって54名が首をはねられました。残った12名は、地元の漢族の有力者に助けられ、翌年那覇へ帰ることができました（牡丹社事件）。

*原住民：台湾の先住民族は「原住民」と名乗り、呼ばれています。日本では差別的意味合いが感じられることもあり、先住民と表記することが多いですが、ここでは当事者の意志と、台湾では普通に使われていることを尊重し、「原住民」の方を使っています。

この頃、遭難外国船の乗組員が殺害される事件が台湾でもよく発生していました。当時台湾の原住民の間ではいろいろな理由によって首を狩る「出草《しゅっそう》」という風習があり、狩った首は持ち帰り、家のお守りとして飾られました。日本にも「異国船打払い令」があり、抵抗したらその場で殺しても構わないと命じていましたから事件そのものは珍しい出来事ではありませんでした。

この時、清朝政府は「台湾は化外の民、化外の地」として責任を回避する一方、日本政府はこの事件を領土画定に利用しました。

1874年、西郷従道率いる日本軍は台湾南部に上陸、石門の戦いなどを経てパイワン族の制圧に成功しました。もっとも、戦には勝ったものの風土病に悩まされ死者が続出しました。帰国する際、西郷は台湾征服の記念として、そして琉球の帰属をアピールするために「大日本琉球藩民五十四名墓」の碑を建てました。清国政府は、台湾出兵は国民保護のための「義挙」、琉球は日本領であることを間接的ではありますが認めます。

1879年、日本政府は軍隊と警察官を動員して首里城に乗り込み、琉球王尚泰を東京へ拉致、琉球国を滅ぼします。そして沖縄県を置き、沖縄戦、米国統治、返還を経て、現在に至ります。1874年は琉球侵略の始まりと言えます。

碑の後ろに亀甲墓に似た墓があります。12名を助けた漢族の人たちが、散乱していた首のない遺体を集め、埋葬して建てたものです。碑の下の遭難者の名を刻んだ墓石は、1927年台湾在住の沖縄県人がつくりました。遭難者は政府の領土拡張に利用されましたが、県人によって名前探しが行われ、全員の名前が分かったとのことです。

その後、沖縄大学の又吉盛清さんたちが中心になって遺族、関係者を探し、1979年、108年目の墓参団をつくり統埔村を訪問、漢族の人々の子孫に感謝し交流を深めます。そして

西郷従道が建立した碑と宮古島民の墓

墓の修復が始まります。私たちが訪ねたのは、そのような努力の結果の地なのです。

墓参をすませた私たちを、墓の地主のおじいさんが捉まえ、碑文の「大日本」の文字について、日本語で話し出されました。日本軍の威光を示すこの文字は敗戦後コンクリートで塗り込められていたけれど、歴史を大切にしようという動きの中で再び掘り出された、総統が替わるたびに埋めたり掘り出したりしていると、熱心に説明されました。１９２９年生まれのおじいさんは何十年ぶりかで日本語を使ったともおっしゃっていました。

二二八事件

次に訪ねたのは高雄市立歴史博物館、元は植民地時代に日本が造った市役所で、高雄二二八事件の現場でもあります。１９４7年3月6日、事件の処理をするためと称して集められた高雄の指導者が、ここで一斉に殺害されました。博物館のジオラマには、5センチ位の小さな人形を使って、袋のねずみになった市民がなすすべもなく殺されていく様子、裏切られた人々の驚愕、絶望がリアルに表現されていました。

二二八事件は台湾の戦後を決定づけた事件です。日本の敗戦後、蔣介石は台湾を接収し台湾省を置きました。台湾の人々は祖国を歓呼の声で迎えましたが、国民党軍は士気も規律も低く、歓迎の気持ちは一気に失望に変わります。着任した陳儀《ちんぎ》行政官は降伏式の後、台湾人の国籍を一方

高雄市立歴史博物館

的に中華民国籍に変更し、台湾人は「本省人」、大陸から来た人々は「外省人」と呼ばれることになりました。

政権のポストは外省人で占められ、官吏の腐敗は甚だしく、物資の不足とインフレの昂進と相俟って、本省人の不満は募っていきます。1947年2月27日、台北の街路で闇煙草を売っていた女性（彼女の夫は兵士として、日本によって連れ去られていました）から、煙草と売上金を暴力的に没収しようとする取締員に群衆の怒りが爆発、その勢いに怖れをなした取締員が逃げる途中に威嚇射撃、弾は傍観していた青年に当たり、彼は死亡してしまいます。

翌28日抗議のために行政長官公署に

集まった群衆に対し、憲兵が屋上から機関銃を発砲、多数の死者が出ます。事件は放送局を通じて全台湾に知らされ、各地で政権に対する抗議行動が起こり、軍警との対立は激化していきます。事ここに至り本省人の代表は、事件の「処理委員会」の設置と政治改革を要求、陳儀長官はいったん同意しながら、鎮圧のために密かに国民党増援部隊派遣を要請、大陸から基隆に上陸した軍隊は道すがら一斉射撃による殺戮を始め、基隆、台北、嘉義、高雄などで1カ月に約2万8000人が殺害されました（国民政府発表）。日本統治時代の教育を受けた台湾知識人を一掃する狙いがあったとも言われ、実際この殺戮により本省人のリーダー格だった人々は根こそぎにされ、台湾人社会に大きな打撃を与えました。

二二八事件と2年後の戒厳令の施行（〜1987年　世界最長の戒厳令）、そして白色テロ（権力者によるテロリズム）は、台湾人を恐怖のどん底に陥れ、台湾の人々は長い間苦しみました。

事件の背景には、総督府主導ではあれインフラが整備され、近代化、資本主義化が始まり豊かになってきた台湾社会と、外省人社会との格差、「台湾のために戦ってやったのだ」という外省人の優越意識、「日本の奴隷化教育を受け」、北京語に不慣れな本省人に対する蔑視と、両者の意思疎通の欠如などがあると言われています。どれも日本の中国侵略、植民地統治と深く関連したものです。また、陳儀から部隊派遣要請を受けた蔣介石が、共産党の煽動が原因の一つと語ったように、既に大陸で始まっていた国共内戦をはじめとする冷戦体制が、台湾でも現れたものと言え、済州島の4・3事件、そしてそれに続く朝鮮戦争をも想起させます。敗戦後、日本社会が大変な状態だったことはよく言われます。けれども日本が植民地にした台湾、朝鮮はもっと悲惨な状況に置かれたということは知られていません。二二八事件の勃発を対岸の火事然として眺める当時の日本人の風刺画が残されていますが、今もなお、火事の存在すら知らない日本社会であると言えるでしょう。

二二八事件のことは、台湾では長い間タブーでしたが、民主化の進展の中で事件の調査、犠牲者の復権、総統の公式謝罪、記念碑の建立が行われました。しかし、余りにも長い間秘密とされ、証拠も消されていたため、今もなお事件の真相を完全に明らかにはできていないそうです。

霧社事件

翌日、台湾中部の霧社で起こった原住民最大の抗日蜂起、霧社事件の現場を訪ねました。下関条約締結後、日本による台湾征服戦争は困難を極めましたが、その後も民衆とゲリラが一体となった抵抗は続き、台湾総督府は南京事件の前哨戦を思わせる無差別殺戮も辞さず、時には帰順式に集めておいて一網打尽に殺害する奸計も用いて抵抗を制圧しました。１９１５年、西来庵事件で95名が死刑になったのを最後に、武力抵抗は終わります（１９１０年の大逆事件では、死刑執行は12名です）。日本国内のデモクラシーの風潮もあり、１９１９年初めての文官総督が着任、武断支配は緩み、台湾人は議会開設運動に力を注ぐようになりました。こうして総督府支配が一応安定したように見えた時に、とりわけ原住民政策が順調に進んでいると思われていた霧社で事件が起こりました。

１９３０年10月27日、霧社の公学校（台湾人児童が学ぶ学校）で行われた日本人・台湾人・原住民の合同運動会を、六つの社《しゃ》（集落）の青壮年が襲います。リーダーはマヘボ社のモーナ・ルダオ、統率力と勇猛さで知られた頭目でした。

抵抗する間もなく、校長、教師、警察官といった権力者のみならず、運動会に集まった子どもたちとその保護者も含め１３２人が殺害されました（ちなみに当時原住民の村に配置された警察官は、一種の村長であり、医師も教師も兼ね絶大な権力を持つ一方、原住民の女性との関わりでも、恨みをかっていました）。

襲撃した人々は「漢人は殺すな、日本人だけ殺せ」と叫び、実際、日本人以外で殺されたのは二人だけでした。そのうちの一人は原住民に辛く当たった漢人の商店主、もう一人は着物を着ていたために間違って殺された子どもといわれています。

襲撃に先立ち多数の社に決起を呼びかけ、霧社から遠い順に警察署の電話線を切断し、大変な混乱の中でも日本人のみを狙い、襲撃後は奥山に引き上げゲリラ戦を展開するなど、蜂起は統制が取れており、山間の峻険な地形を生かして戦う原住民により、日本の警察と軍隊は大きな痛手を被ります。やがて態勢を整えた日本側は、２０００人を超える軍警と機関銃や大砲などの近代兵器を動員し鎮圧に乗り出します。また苦戦した山地での白兵戦には、モーナ・ルダオたちとは反目している社の人々を使い、『『蛮』をもって『蛮』を制する」という伝統的方法で、蜂起した人々を追い詰めていきます。

総督府は近代化政策の中で、「出草」を厳しく禁じましたが、この時は、頭目、青壮年、女子と分けて首に懸賞金を懸け、首狩りを奨励しました。原住民が「大きな鳥」と恐れた飛行機から、毒ガスも投下したといいます。日本は毒ガスの使用を否定していますが、台湾では使ったことはほぼ定説になっています。

鎮圧には50日以上かかりました。兵糧攻めによる飢えと山地の寒さは山にこもる人々を苦しめ、民族発祥伝説がある大木で、年寄りや女性、子どもたちが縊死していきます。モーナ・ルダオは後事を息子に託して山奥に消え、残った青年たちも絶望的な戦いを続けた後、自死します。投降した人々は捕らえられ、警察が報復のために他社を唆して起こしたと思われる第二霧社事件などにより青年のほとんどが殺され、人々は集団存亡の危機に立たされました。

生き残った少年たちが報復のために決起しようとしたことを察したあるおばあさんが、「このままでは絶滅する、生きることはたやすくはないが、子孫を繁栄させねばならない、お前たちの命が唯一の希望だ、生きろ」と勇気に満ちた声で諭し、彼らはその言葉を受け入れ、その後、村の発展に尽くしました。

霧社の若者もそうですが、清朝、日本時代を通じて差別を受けた原住民は一人前の日本人として認められたいと思い詰め、アジア太平洋戦争が始まると軍属に志願、６０００人が「高砂義勇隊」として前線に赴き、3000人が戦死しました。

今回、客家《はっか》出身の台湾人作家戴国煇さんの作品から沢山のことを教えられました。彼は早くから霧社事件に関心を持ち、原住民自身が自らの歴史をまとめるまでの「つなぎ」として文献、資料の整理保存に取り組みました。しかし原住民を迫害した漢族のひとりとして「自分の手も汚れている」という意識を持っていました。また日本軍の行為のみならず、ナチスのユダヤ人虐殺、米国の原爆投下、ベトナム戦争時のソンミ村事件、北爆、インドネシアの9・30事件等を挙げ、それは他人事ではなく「われわれ自身の問題であることを知覚し、人間が持つ悪魔性の存在をつねに意識のなかにもって分析をはじめるべきである」と言っています。そしてとりわけ霧社事件に関しては、事件当時少年で生き残ったアウイヘッパハの言葉「霧社事件を知ることは、日本人の義務であり、日本人にとって有益なことです」を引き、こう続けます。

「日本人の義務だけでなく、全中国人の義務でもあり……全人類にとっても有益であって、事件自体はまさに貴重な歴史的教訓でもある。とくに新しい中国人にとっては、あるべき少数民族政策の追求と策定にはくみつくせないほどの教訓を内包しているといえる。……中華民族の多数を占める漢族が自らの内部にもっている大漢民族意識を克服止揚する必要があると信じる。……霧社事件を研究するのは、昨日のことを研究するのではなくて今日の問題を研究することであり、高山族に同情して彼らを『救う』ことにつながるよりか、まさに自らを救うことにつながるほうが緊急なのである。研究は自らの心の荒廃、自己腐食作用をいかにくい止め、自己の人間性

霧社原住民の抗日蜂起を表す彫像

をいかに保持するかの道を見出すためにするのである」

長く引用しましたが、日本人もまた心して聞くべき言葉だと思います。

霧社では、漢族の柳鳳美さんとタイヤル（アタヤル）族の順拝・瓦利さんがガイド、道に沿って歩きながら「ここに診療所があった、郵便局も尊徳商店も」と当時あった場所にかたちを変えて建つ建物の説明をされました。

事件の紀念碑は、山を背にした小高いところにありました。狩猟生活が基本だった人々の抵抗の手段である槍を手にし、腕を振り上げまた身をかがめて進む人々の姿が活写された彫刻が据えられていました。女性は胸を張って戦う気概を表し、子どもは武器ともなる石を持ち、一族挙げての抵抗であったことを物語っています。

正面奥に指導者モーナ・ルダオの像が立っています。彼と日本との軋轢は深刻です。モーナは、終始日本に抵抗の気持ちを持ち、蜂起の機会を狙っていましたが、それを察知され、屈服させられ、同族の討伐をすることを強いられました。また日本の威光を叩き込むために日本見学にも参加させられています。その時彼は日本が強大であることを知り、蜂起前、決起を迫る若者たちの懇願に対して、彼は抑制的だったとも言われます。

唯一残された若い頃の写真は笑みを浮かべていますが、撮影された時の彼の心中はどんなものだったか、想像するのは容易ではありません。碑文には、「抗日英雄」と記され、蔣介石政権のとき英雄視され、脱日本化宣伝の格好の道具として使われました。

像の後ろには無名戦士の墓、そして「霧社山胞抗日起義紀念碑」があります。蜂起の中で戦死した人々の遺体は、のちに掘り出され、ここに埋葬されています。今はきちんとした墓ですが、昔は簡単な蓋がしてあるだけだったそうで、瓦利さんが子どもの頃、開けてみるとお骨が見えたと言われました。瓦利さんが原住民の言葉で祈りを捧げ、私たちも献花、黙禱しました。

事件の現場である公学校跡は今は電力会社の敷地となり、当時の面影を想像することは難しく、車が行き交う通りをはさんで見学するのみでした。かつてモーナたちの憎しみ、皆殺しの対象にされた日本人の末裔である私が今ここに立って眺めていると思い至り、わずか80年前のことなのに日本と台湾の関係が激変したこと、時の流れの速さを感じました。

台北の二二八和平紀念館

山を下りて台北へ。市立二二八和平紀念館を参観しました。建物は、元は日本が建てた台北放送局で、植民地統治のために、のちには戦争政策遂行のために使われました。二二八事件の際、人々が占拠し、台湾全土に事件の発生を知らせましたが、鎮圧が始まると政府側が民衆へ投降を呼びかけるために使いました。陳水扁前中華民国総統が台北市長の時、紀念館となりました。

館内ガイドの張さんは1931年生まれ。いわゆる日本語世代で、日本語で説明してくださいました。

「解放当時は中学生だった、祖国の軍隊を歓迎し道端で旗を振ったけれども、装備も悪く質も低い、規律を守らず買い物をしても払わないのですぐ失望した、役人は賄賂を貰い法律を執行せず、社会秩序は乱れた、国民政府は様々なものを専売にし、利益を上げた」と体験に沿って説明されました。

張さんは事件勃発の頃、台北近郊に住んでいて、ボンボンという鉄砲の音を聞き怖い思いをした、中学校に通うとき、早朝、河にかかる橋の下で軍の車が止まり、逮捕者が降ろされて撃たれるのを見たと話されました。

記念碑は外庭の池の中に作られていて、碑文には次の言葉が最後に刻まれていました。

「天にある死者の魂を慰め、受難者と遺族の悲憤を鎮めるとともに、これを鏡とするよう国

台北の二二八和平紀念館

民に警告を与えるという趣旨がある。今後、敵味方を分かたず、一体となって互いに助け合い、互いに誠実に、恨みをなくし、平和を永遠のものにしようではないか。」

公園の入り口近くに、二二八事件の勃発を報じた放送台が当時のままの姿で残っていました。メディアの少なかった時代、総督府が整備したラジオ放送は貴重な情報源で、人々はラジオにより事件の発生を知り、抗議行動、武装闘争、処理活動などに立ち上がりました。

この日は植民地時代、そして戒厳令下の台湾の苦悩を一日で見て回るという強行スケジュールでした。

馬場町河濱公園の祈念丘と碑

陳明忠さんと馮守娥さん

最終日、朝から二二八事件の幸存者、陳明忠さんと馮守娥さんご夫妻と馬場町河濱公園で待ち合わせ、お話を聞きました。

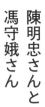

馬場町河濱公園は白色テロの時代、台湾の知識層、特に青年たちが処刑された現場です。円錐形の上を切り落としたような形のモニュメントは、殺された人々の血を覆うために砂が撒かれ、それがだんだんうず高くなっていったことを象徴しているそうです。

１９２９年生まれの陳さんと、１歳下の馮さんですが、お二人はかんかん照りの陽射しをものともせず、更に恐縮にも同行してくださった烏来や六張犂に向かうバスの車中も日本語で、壮絶な人生について語って下さいました。以下陳さんのお話。

馬場町公園での陳明忠さん

本省人で、公学校で日本式の教育を受けたが、中学校では差別を受け、日本人ではないことに気付いた。祖国を美化した頃もあったけれど、戦後やってきた祖国に失望。二二八事件の時は銃をとって戦い逮捕。軍の施設でのちに結婚する馮さんの兄と出会い、彼が処刑されるのを見送った。10年の刑を受け政治犯を収容する緑島へ送られ、激しい労働を強いられた。出獄後中学校で教え、馮さんと結婚、その後、山之内製薬の社員として働いた。政治活動に参加してまた逮捕され、拷問も受けたが、「(最悪)死ねばいいのだろう」と思い耐え抜いた。アメリカの世論にも訴える救援活動が実り死刑は免れ15年の刑を受け、同房の人が気が狂う状況の中、生まれた時代が悪かったと思い精神を守った。身体を壊し仮釈放されたが、結局獄中生活は、合わせて21年に上った。

台湾最後の死刑囚であった陳さんはこのような人生を歩みながらも、話の最後を「生きていて良かった、いい経験だった。自分は間違ってない、悔いはない」と締めくくられました。

馮さんは1930年生まれ、当事者、受難者の遺族、また逮捕者の家族としての人生を話してくださいました。以下馮さんのお話。

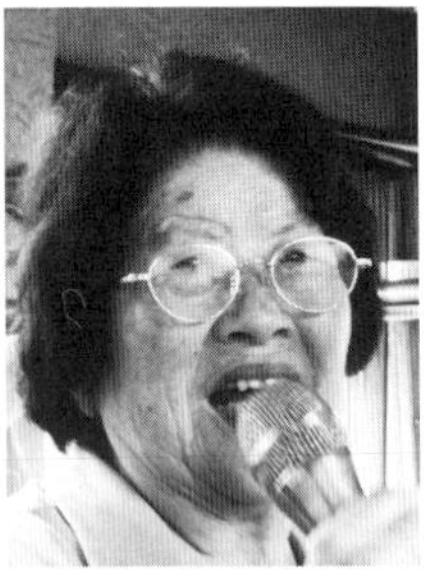
バスの中での馮守娥さん

光復後の自由な雰囲気の中で読書会に入り勉強したが、1950年に逮捕された。兄も逮捕され馬場町で処刑された。駅に書かれた公告でそれを知り、父は馬場町の溝の中から兄の遺体を引き上げた。10年の刑を受け台北、のち緑島へ移送され、母は最後の面会から一週間後に亡くなった。出獄して5年後結婚、夫が逮捕され死刑になりそうになった時、友人や親戚、日本人にも助けられ、15年の刑にすることができた。戒厳令解除後、犠牲者の追悼会が開かれた時参列、1997年から平和と人権の集まりをしている。

馮さんは話の最後に、「世間の温かさとひどさを経験した、同じ理想に立って努力している人に会うと幸福だ。平和でいい時代が来るように」と言われました。

お二人と共に原住民出身の日本軍兵士（当時「高砂義勇隊」と呼ばれました）を記念する烏来の公園へ。高砂義勇隊の戦士像は褌に上っ張りを着用し、槍を持ち番刀を携えた姿で夏の眩しい日差しの中に立っていました。原住民の兵士は密林でのゲリラ戦に長け、日本軍を助けて戦いました。像に向かい合うかたちで、戦死した隊員の日本式姓名、族名、部落名、殉職日、遺族代表名が刻まれた石碑が何基も並んでいます。

本省人については、1942年、陸軍志願兵制度が実施され、第1回の募集には42万人の若者が応募しました。志願を願い認めた血書も残っています（皇民化教育が徹底された沖縄戦での少年少女のことを思い起こします）。結局、本省人・原住民の日本兵、軍属は20万7183名にのぼり、そのうち3万304名が戦死しています（厚生省発表）。

けれども戦争終結後、彼らを待っていたのは、日本のために戦ったことへの白眼視であり、彼らは自分の思いを口にすることなく、沈黙の中で戦後を送らねばなりませんでした。

民主化が進む中、言論の自由が認められ始め、尊厳の回復のために補償を求める運動が日本の国会を動かし、1988年、死傷者に対しては一人200万円の弔慰金が支払われ、日本政府はそれをもって解決したとしました。しかしこの人たちの献身を認めても、志願せざるを得なかった状況をつくり出したことへの反省はいまだになされていません。

烏来から再び台北に戻り、六張犂の戒厳時期政治受難者紀念公園に向かいました。第一墓区と書かれた碑の後ろの崖の斜面に、小さな墓碑が並んでいました。埋葬せねば祟りがあると恐れた死刑執行者たちの依頼で、犠牲者たちは葬儀社によってここに埋められました。その200余名の中には、国民党政府に反対する党に参加した、党費を払っただけで死刑になった人もいて、お棺はベニヤ板、足枷をされたままの人もいたとのことです。

墓碑はまるで放置されているという感じでした。馬場町ではモニュメントらしいものにするた

当時のまま残された戒厳令期の犠牲者の墓碑

め実際よりも遥かに大きな土盛りをし、当時の様子と変わってしまったので、ここは1993年の発掘当時のままの形を保つようにしていると、陳さんは語ってくださいました。犠牲者の中には、大陸から来た人も含まれていて、両岸関係を反映し、引き取り手のない遺骨もあるそうです。

墓碑を前に、陳さん、馮さんご夫妻が身を寄せ、当時処刑される人を見送った時の「安息歌（追悼歌）」を歌われました。「お休みなさい　国に殉じた同志よ　もう祖国のために憂えないで　あなたの流した血は道を照らし　私たちが前進するのを導く」。歌いながら、先に殺されていった人たちへの思いをかみ締めておられるような、お二人の表情でした。

台北へ戻り陳さん、馮さんの家の近くでお別れしました。お二人は私たちを見送って、笑顔で手を振って下さいました。20世紀の重大な歴史の生き証人のお二人にお会いでき、感謝の気持ちでいっぱいでした。

許巷《きょこう》惨案

最初の訪問地は、無錫市の許巷。南京に向かう日本軍によって村人が虐殺されたところです。ここは水路で囲まれているため昔から外敵の侵入を防ぐことができており、日本軍の侵攻当時も村人は自分たちは大丈夫と思っていたようです。また土地の有力者一族の中には日本に留学した若者もいて、彼の「日本人はそんなにひどいことはしない」という言葉を信じた人も多かったのです。しかし日本軍は容赦なく彼らも殺害しました。

錫山区雲林街工作委員会の朱萍さんが出迎えて下さり、案内された部屋に入りました。ちょうど正面に、お年寄りが一人座っておられました。委員会のスタッフとは明らかに違う雰囲気を持った方でした。まさか、でももしやと思い、フィールドワークの資料に載っている幸存者の許玄祖さんの写真を朱さんに見せると、まさにその方だという返事。ここでは幸存者の方にはもうお会いできないと諦めていたのに思いがけなかったこと、許さんの被害の余りもの酷さが一気に胸に迫ってきたこともあり、挨拶はしどろもどろになってしまいました。

まずＤＶＤ「歴史を銘記し、平和を守る」が上映されました。以下その内容です。

証言をする許玄祖さん

「許巷は1937年11月23日から24日にかけて日本軍第19師団第20連隊が侵略、2日間にわたって223名の村民を殺害し19名が強姦された。建物も94軒、食料の山も34個焼かれた。その後5年の間、雨が降ると、土に血の水が滲み出るほどだった。また、食糧難にも苦しんだ。1991年、許巷虐殺事件発生現場の碑が建てられ、1995年、犠牲となった同胞紀念碑も建立され、2007年紀念館がオープンした。事件は中国人の苦痛の一つ、惨めな歴史である。昔のことだけれど、正邪の戦いは続く。恨みは持たない。平和の力を持たねばならない。中国、日本、世界の人民の共同の努力がなければならない。共に頑張ろう」

続いて上映されたDVDでは、子どもたちに証言する許さんたちお年寄りの活動を紹介、最後には殺害された一人ひとりのお名前が次々と映し出されました。許、王、李、銭、盖……と続く名前の向こうに一人ひとりの人生が浮かび上がるようでした。

そして許さんのお話が始まりました。許さんは1935年生まれで、この時数えの80歳。

1937年旧暦の10月、日本軍は一軒一軒のドアを銃剣で刺し、鉄砲で撃った。家のドアはロックされ、両親は部屋に隠れていたが、父は日本軍に外に連れ出され射殺された。自分は母の乳を飲んでいたが、日本兵は7、8回母を銃剣で刺した。自分も唇を切られ、肩も刺された。母は死に、自分は血の中にうつ伏せになり一晩を過ごし、避難していた祖父母が朝戻って来て見つけた時は呼吸も無くなっている状態だった。祖父母が叩いて息がよみがえった。目は細菌感染したのか、治療する医者も無く、1週間後に失明した。祖父母は年だったのでやがて孤児になった。家族はバラバラになり苦労した。その後、田んぼの仕事をして生きてきた。祖父母が亡くなったあと、父の兄とその妻が育てた。村の人や伯父夫妻から10歳くらいの時、これらの事実を聞いた。これは日本軍がもたらした災いである。

許さんは続けて、「恨みは持っているが、仕方がない。庶民を殺すのはいけない。女性を強姦し、殺すのはいけない」と、硬い表情を崩さず締めくくられました。

お礼をして、握手させていただきましたが、手には力がなく、「恨みは持っている」という言葉が重く心に残りました。帰りがけ、わずかに笑顔を見せて下さり、見ず知らずの、しかも日本鬼子の末裔に対して笑みを見せて下さったけれど、それを単純に受けていいのだろうか、とただただ申し訳なく思いました。

次にもう一つの虐殺現場、華庄岸、長善坊惨案の碑に向かいました。ガイドの孔さんが度々バスを降りて道を尋ねながら、やっと町工場の敷地の奥にある碑までたどり着きました。碑文には、ここでは民間人80人が殺害され、家屋が68軒、穫り入れた沢山の籾も焼かれたと記されていました。碑の前で黙禱を捧げました。突然現れた日本人の集団は珍しかったのでしょう。工場の人や町の人たちが集まって来て、もの問いたげではありますが遠慮がちに見つめられました。

上海

もとは小さな漁村だった上海ですが、アヘン戦争後、イギリス・アメリカ共同の、そして・フランスの租界が置かれます。治外法権が認められた租界は中国の中の異国となり、上海は帝国主義列強の侵略の橋頭保となりました。欧米資本は電気・水道・ガス・金融・紡績業などに進出し、吸い上げられた富は租界の外国人の優雅な生活の土台となりました。遅れてきた帝国主義国である日本も、条約上の租界こそ築きませんでしたが、強引に勢力を広げ、虹口地区を中心に実質的な日本租界を形成しました。

しかし外国資本によってではあれ、産業の発達は労働者の増加をもたらし、上海では労働運動・革命運動が盛んになります。5・4運動を経て、5・30事件で運動は大きく高揚、その後の国民革命の中で、蒋介石率いる北伐軍の進撃に呼応して上海の労働者が蜂起、市民政府を樹立します。しかし蒋介石は反共クーデターを起こし、労働者を殺害、この後上海は、白色テロリズムが支配します。一方で租界は各国の権利関係を利用して言論出版の自由がかろうじて保たれ、文学者の活動の場となります。魯迅もその中で、国民党政府の手を逃れながら文筆活動を続けることになります。

1931年日本が始めた満洲事変は、上海でも激しい抗日運動を引き起こしました。翌年日本は第一次上海事変を起こし、陸軍部隊を増派、ようやく戦闘を終結させます。

この時、上海居留民は恐怖に駆られ、「便衣隊狩り」の名で中国人を捕まえて陸戦隊に引き渡したり、監禁・処刑する事件も起こしました。重光葵公使は「彼等の行動は……あたかも大地震当時の自警団の朝鮮人に対する態度と同様なるものあり、支那人にして便衣隊の嫌疑をもって処刑せられたるものすでに数百に達せるもののごとく」と書いています。

1937年7月7日、盧溝橋で日中両軍が衝突、日中全面戦争が始まりました。戦闘は華北から上海に飛び火し、翌月第二次上海事変が始まります。戦闘を上海市民の側から描いた茅盾の『第一章』という作品は、日本が中国にしたことが市民の生活をどのように破壊したかをリアルに伝えています。

戦争の拡大に伴い、松井石根を司令官とする上海派遣軍が編成され、8月23日、呉淞地区から上陸を始めます。中国軍を軽視し、戦闘は簡単に終結するだろうという日本側の見込みは外れ、激しい抵抗にあい、3カ月で戦死者約1万名、戦傷者約3万名、日露戦争の旅順攻防戦や台湾征服戦争に並ぶ犠牲を出しました。

11月5日、日本軍は杭州湾金山衛から上陸、挟み撃ちになった中国軍は南京への撤退を始め、欧米の租界を除く上海は陥落します。これ以後アジア太平洋戦争開戦まで、租界は日本軍占領地域の孤島のように残り、様々な抵抗が続けられることになります。

金山衛

バスは、日本軍が進んだ道を反対にたどります。天気はあまり良くなくて、どんよりと曇っていましたが、それはそれで白い壁と黒い屋根の江南の家屋の趣が際立ち、墨絵のような美しさを見せています。

「金山衛日軍登陸地点」の碑がある場所は、大きな記念公園になっていました。金山衛はもともと倭寇からの防衛のために城が築かれたことに始まります。すでに城はなく、復元された城門が公園の正面に聳えていました。

金山衛では1937年陰暦の10月3日、上陸した日本軍が逃げ遅れた村人を殺害しました。その人数は1015人に上ります。南京などの大都市とは異なり、村ではお互いがよく知っており、誰が殺されたかは後になっても分かり、人数が確定できるそうです。

記念公園には人物像もいくつか置かれていました。倒れた母親の腕を持って引き起こそうとする女の子、母親の膝の上には小さな男の子の遺骸があり、「悲天憫人」という題名のプレートが付けられていました。また事件の概要を刻んだ石碑には、うずくまったり、天を仰ぐ人の姿が嵌め込まれており、その前には、追悼行事があったらしく紙の花が雨に濡れていました。

集合地点では思いがけない展開が始まっていました。一人の青年がスケッチをしていた団員に目をとめて話しかけ、私たちの団の目的を知ると、受付に置いてある「侵華日軍金山衛登陸紀

「悲天憫人」のモニュメント

実」という本を数冊渡し、殺人池まで案内すると申し出て下さったのです。

金山衛虐殺の現場は何カ所かあります。殺人池は、日本軍が家を焼き、殺害し、強姦した挙句、村人の遺体を投げ込んだ池です。殺された人の中には、3歳の幼児、妊婦やお年寄りもいました。ここはとても訪ねられないと諦めていた場所です。

青年は楊衛峯さん、地元の歴史研究会の一員でした。すぐそこだからということで、家々の間の二人並ぶのがやっとというような路地を通って楊さんの後をついて行きました。行きついた先は公民館のようなところ、虐殺の碑はこの中にあるとのこと、でもあいにく日曜で閉まっています。ここまで来て！　と悔しい気持ちは皆共通だったと思います。

建物は高い塀に囲まれていて、中を見ることはできません。近所の人たちも集まって来て、その中の女性が何やら大きな声で話しています。闖入者のわれわれに怒っているのか、とはらはらしていると、どうも「こんな塀があるから、日本人に中を見せられないのだ、こちらに門を付ければいいのに」と抗議しておられるようです。それでそんなに迷惑ではないんだと気が大きくなり、塀の前に並んでいる車を見て、この車の上に乗れば見られるのにとか、傍にある手洗いの窓からなら覗けるかもとかわあわあ言っていると、なんと楊さんが脚立を持って来て下さいました。早速一人が登って上から覗き込み撮影、私はスカートだったので「しまった」と思いましたが、なに構うものかとたくし上げ（そんなに上にではありません、どうでもいいですが念のため）登りました。雑草が茂った中に碑が見えます。次々に登っているとき、鍵を持ったおじさんが来てくれて、ついに門が開きました。

私たちの周りに、地元の人たちが何人かついてこられました。その中の、にこやかな一人のおじさんに、ご家族の中に事件の関係者はおられますかと尋ねました。地元の方だからもしかしたらという気持ちだったのですが、「外祖父が」とすぐ答えられました。びっくりして「この本の中にお名前が載っていますか」と尋ねて先程の本を渡すと、頁を繰って犠牲者名簿の中のお名前を指さされました。「朱玉宝63歳」と書いてありました。63歳では私より若いではないか、いくら昔は今と年齢の感覚が違っていてもと、胸を衝かれました。お名前を聞くと「朱方忠」とノー

殺人池の紀念碑

トに書いて下さいました。朱さんは戦後生まれ、おじいさんの顔を知らないはずです。しかし朱さんからおじいさんを奪った罪深さを身近に感じました。ずっと笑顔で一緒に写真にも納まって下さり、それが余計にありがたく申し訳なく、このような市井の人との出会いこそ伝えていかねばと改めて思いました。

先程脚立で覗き込んだ場所は草が生い茂る空き地で、その一角のコンクリートの地面に碑があり、黙禱を捧げました。

楊さんにお礼を言って、バスで杭州湾へ。砂浜には葦などが生い茂り、雨もよいで遠くはぼんやりとしていて、灰色の波が穏やかに寄せていました。このような海岸のどこかで、かつて日本軍が波打ち際をひたひたと歩き、上陸したのだろうと想像しました。あとは一路大都会上海に向かいました。

魯迅を訪ねて

上海では何を措いても魯迅紀念館へ。館のあちこちの壁に魯迅の言葉が彼の筆跡で書かれています。魯迅と青年たちが歓談しているさまを表した人形も展示されています。この展示は1936年に開かれた全国木刻巡回展覧会の会場で、のちに従軍カメラマンとして活躍する沙飛という人が撮影した写真をもとに作ったものです。

魯迅は、木刻芸術がまだほんの芽生えたばかりの時に熱烈にそれを擁護しました。木刻を紹介して嘲笑を浴びたとき「幾本かの彫刻刀と一枚の木版とで多くの芸術品をつくり出し、大衆の中に広めるのが、現代の木刻である。木刻は中国固有のものであり、長い間地中に埋もれたままであった。今や復興し、新しい生命に満ち満ちている」と書き、「将来の光明は、必ずやわれわれがただ文芸上の遺産の保存者としてだけでなく、開拓者、建設者でもあることを証明するだろう」と胸を張りました。

沙飛の写真は連続して写された組写真で、魯迅と彼を囲む青年たちの様子が生き生きと記録されています。この写真を見ると、魯迅がいかに青年たちに慕われていたかが伝わってきます。

鲁迅（左端）と若者たちの歓談の様子を表した人形。右上はモデルとなった写真

　魯迅は若い人をことのほか愛しました。１９３１年「一八芸社習作展覧会」に際して「一八芸社……いま新しくて、若くて、有名でない作家の作品がここに立っていて、醒めた意識と強靭な努力とをもって、雑木林の中に日に日に成長していく丈夫な新芽を現した。もちろん、これは、ほんの幼いものである。だが、思うにその幼く小さいからこそ、希望はまさにこの一面にあるのだ」という言葉を贈っています。

　魯迅は話し手としても面白い人であったと思います。彼の文章は実に謹厳実直な書きぶりでありながら、隠しきれない諧謔心が時折顔をのぞかせます。展覧会場での魯迅も大真面目な顔をしていますが、多分可笑しいことを言っていたに違いありません。魯迅の一人おいて左隣に座っている曹白という青年は、左手で頬づえをついていますが、やがて両手を合わせて身を乗り出し、笑顔で魯迅を見つめ、実に楽しそうです。彼の身体はだんだん傾き、今にも笑い転げそうな様子です。

曹白は木刻で魯迅像を制作しましたが、展覧会での展示を禁止されました。要注意人物とされていたためです。かつてロシア人文学者をモデルに木刻作品を作ったことで国民党政府によって逮捕、投獄されてもいます。魯迅は「文学者の肖像一枚のために、そのような罪を得るとは、大いなる暗黒、大いなる笑話でもあります。わたしは短い文章を書いて、外国に行って発表したいと思います」と憤り、逮捕された原因、年月、裁判の様子、刑期の長短を詳しく報告させ、随筆『深夜に記す』の中で告発しました。

曹白は自分の取り調べの辛さよりも、同じ時に逮捕された若い労働者が、指の一本一本に針を打ち込まれたことを、恐ろしい記憶として老師に書き送りました。魯迅はこの心優しい青年のことを大変気にかけ、手紙でたびたび励ましています。その心遣いは半端ではありません。貧しい青年の向学心を知り、本がほしくても買えなかった自分の子ども時代を重ね合わせ、書店経由で本を贈っています。それも、書店の「日曜日の営業は1時から6時まで」と書き添えて注意を促す丁寧さです。そして手紙の終わりに「人生は現在実に苦痛です。しかし我々は必ず光明をかちとらねばなりません。たとい自分は遇えなくても、後から来る人に残してやればいい。私たちはそのように生きて行こうじゃありませんか」と書いています。

曹白は展覧会のあと、自分の無力さを嘆く手紙を送ったようです。10月15日、死の4日前ですが魯迅は「私が遇ったことのある、気軽に話しあう青年に失望したことはめったにありません」と返信を書いて宥めています。この手紙はどのようなタイミングで曹白のもとに届いたのでしょう。魯迅の死は曹白にとっても突然で、どんなにか驚いたことでしょう。彼は死の床に駆け付け、葬儀の時には棺を担いました。

魯迅は完成したもの、偉そうなものではなく、小さなもの、伸びようとするものに心を寄せ、それを育てることに心血を注ぎました。であるからこそ、彼が亡くなった時、沢山の若者が葬列に加わったのです。またそこに居合わせた東亜同文書院の日本の若者も、彼らから「帝国主義」と罵声を浴びせられましたが、怒りを感じるよりはむしろ共感したといいます。

紀念館を出て魯迅の故居へ歩きます。この辺りは日本人が多く住んだ虹口区で、変貌著しい上海の中にあって歴史的な建物などがよく保存されています。故居は石造りの門柱に鉄扉がつけられ、開けると赤煉瓦3階建ての集合住宅が並んでいます。魯迅は国民党政府や戦火に追われて点々と住居を移しましたが、最後の3年間をここで過ごしました。

1階は応接間、2階は寝室兼書斎、ベッドは臨終の床で、布団と枕は当時使っていたものです。ベッドの天蓋には、妻の許広平によって美しい花の刺繡がほどこされていました。部屋の置き時計は、亡くなった0時5分を指して止まっています。

北側の壁には、日本人の秋田義一が描いた「海嬰、生まれてから16日目の像」という油絵が掛かっています。海嬰は魯迅の息子です。1階の棚にも海嬰の玩具が保存されていますが、魯迅は年取ってから授かった息子を、時に纏わりつかれて煩わしいと思いつつ大変可愛がりました。魯迅は自分の子どもだけではなく、子どもという存在そのものを心から大切にし「児童に見せる絵本はことのほか慎重でなければならないし、作るにもできるだけ手間をかけなければならない」と書いています。

物置の本棚には、常備薬や酸素吸入器が置かれていました。若い頃からの胃病、そして死の原因となった呼吸器疾患を抱えながら、このようなささやかな医療道具で病を抑えつつ執筆に励んだことが偲ばれました。

3階は子ども部屋、壁にはやはり日本人宇留河泰呂の描いた「逆立ちする雑技の娘」の油絵が掛けられています。子ども部屋にふさわしいようにと魯迅が選んだもので、煉瓦を頭に載せて軽技をする少女が明るい色調で描かれています。どの部屋にも、魯迅の生きた跡をたどることができ、去りがたい思いでした。

故居を出て200メートルほど歩くと内山書店跡に着きます。店主の内山完造は上海に渡り、目薬の行商から始めて、書籍販売を手掛けて成功しました。開放的でユーモアに富む彼のもとには沢山の人が集い、書店は日中の作家の交流の場にもなりました。困難な時代にスパイの嫌疑をかけられながら、彼は魯迅を助け庇いました。魯迅故居も内山の尽力で借りています。200メートルの距離は、物理的にも魯迅と内山との関係を表しています。

書店跡は今、銀行になっています。正面の壁面には魯迅と内山が並んだ肖像、その下には説明板が嵌め込まれています。2階には上海事変の時、魯迅が避難した部屋が再現されています。日本人として何も弁解しようのない、申し訳ないとしか言いようのないあの時代に、国境を越えて魯迅と友情を結んだ内山の存在は一つの救いです。

魯迅の作品は日本では『故郷』『阿Q正伝』、そして『藤野先生』などが有名ですが、中国では『一件小事』(『小さな出来事』)がよく取り上げられます。中国の老百姓(庶民)の最も善良な部分が語られており、それに対する魯迅(当時すでに知識人として名を成していた)の畏れと自戒が、彼らしい簡潔で峻烈な筆致で描かれています。作品は本当に短い、その名のとおりほんのわずかな時間に起こった出来事を描いたものです。でも中国の人たちにはとても愛されているようです。

上海のガイドさんが、バスでお別れする時に「今の中国はお金のことが一番なのです」と言われました。このように率直な自己批判を聞いて、中国の良心的な人々は、経済第一の今の状況には、大きな危惧を抱いているのだろうと思いました。日本も大変ですが、中国も大変です。でも私は、中国人がこの『一件小事』という作品を愛しているかぎり、いつかこの状況を正していくことはできるだろうと思うのです。

魯迅もまた歴史上の人物ですから、その時々の政治によって評価が変わることがあるかもしれません。また、魯迅の知られざる面が明らかになり、評価を落とすことがあるかもしれません。

陸戦隊本部跡。現在は銀行などが入っている

しかし彼がこの作品を書いたことは動かせません。この作品一作を書いたことによって、彼は中国人の先生であるばかりでなく、私の先生になりました。魯迅のことを長々と書いたのはそういうわけです。

内山書店から少し歩くと上海海軍特別陸戦隊本部跡が見えてきます。日本海軍の牙城といえる建物で、第二次上海事変の際、慌ただしく兵士が歩き回り、装甲車も出動している殺気立った様子が当時の写真に残されています。遠くから見た時は意外と小さいという印象でしたが、近づいてよく見ると建物は道の奥へ長く伸び、今のようなビルの無い時代、さぞ威容を誇っただろうということを納得しました。写真集と同じ構図で私も撮影しました。画面の中には当然のことですが、ごく普通の日常生活を送る町の人たちが歩いていました。

中国「慰安婦」問題研究センター

次に上海師範大学に置かれた中国「慰安婦」問題研究センターを訪ねました。１９９９年、中国で初めて「慰安婦」問題を調査・研究するためにつくられたものです。「慰安婦」問題についての会議も主催し、また「慰安婦」の方々に経済的な援助もしています。紹介のパンフレットの最後は「お年寄りたちが苦難を経験し尽くした後で、安らかに晩年を過ごすことができることを願い、更に一日も早く日本政府が全世界の「従軍慰安婦」という制度の被害者に深く謝り、賠償を行うよう期待しよう」と結ばれていました。

「慰安婦」問題研究の第一人者で上海師範大学教授の蘇智良さんは、お忙しい時間を縫って研究室での面会を快諾して下さいました。センターは蘇さんが中心となって設立されました。蘇さんは東大に留学していた時、「慰安婦」関係の資料を初めて見、古文書館を回って研究に取り組み、１９９９年、50名の研究員を動員し、上海の80カ所、南京の50カ所をはじめ全国の慰安所の調査を行い、中国の「慰安婦」問題研究に大きく貢献されました。南京の利済巷陳列館の館長も兼任されています。蘇さんは「8月の13日、『慰安婦』記念の世界的な活動の一環としてソウルで集会があった。このような活動は反日ではなく、侵略戦争の歴史を否定することには反対する」と言われました。また最近吉林で発見された関東軍の憲兵に関する資料も紹介されました。その中には「慰安所をつくらせた」という送金記録もあるとのことです。敗戦間近、書類を焼却中にソ連軍の侵攻にあい、穴を掘って埋めたものが工事中に発掘されたそうで、10万ページに上り、それを本にしたものも見せて下さいました。

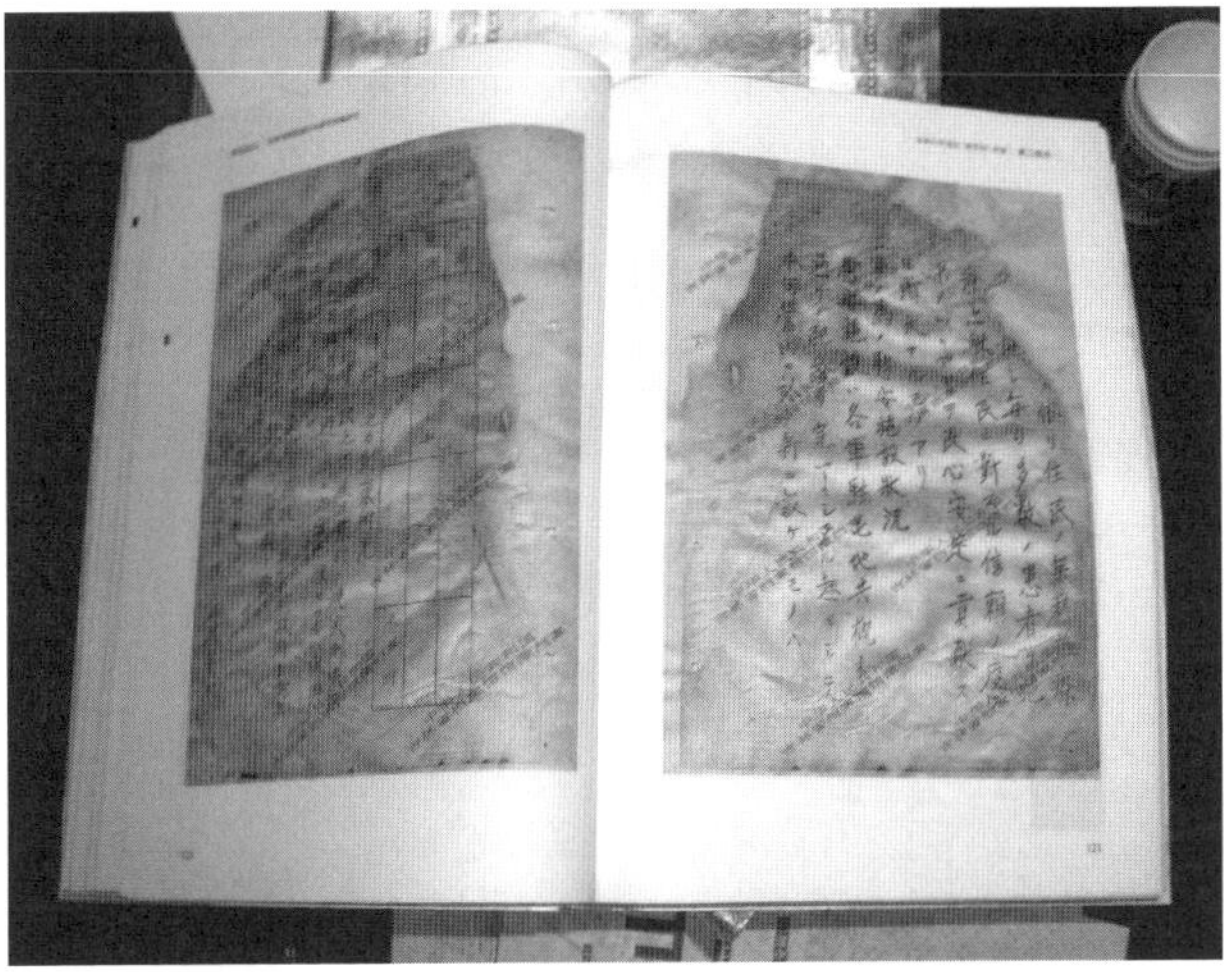
憲兵隊資料が掲載された本

蘇さんは、李克強国務院総理にもお年寄りの生活の支援要請の手紙を出す、またジュネーブに行き、「慰安婦」の実態を訴えると熱く語られました。

センターを出てバスに乗る頃、雨がひどくなり、このあとは上海にも同行して下さった戴国偉さんから説明を受けながら上海事変の現場を車窓から見学することにしました。

現場の一つ大場鎮は、江湾鎮との間に要塞が築かれ、中国のヒンデンブルク・ラインと呼ばれる軍事上の拠点の一つでした。中国軍は激しく戦い、そのため日本軍の砲爆撃も猛烈で家々は破壊され尽くし、文字通り瓦礫の山になった様子を写した写真が残されています。でも雨の流れる窓の向こうには、下町のネオンが光る街並みが広がっていました。

戴さんは閘北地区の八字橋という戦場跡にも行ってみようと、スマホで検索し、ルートを探って下さいました。林京子の『耕地』に、八字橋の話が出てきます。上海で育った彼女は小学生の時、陸戦隊の兵士が乗る2台のサイドカーに先導されて八字橋に遠足に出かけます。集合場所の目印は銀杏の樹でしたが、葉が一枚もありません。それだけではなく、枝が折れてささくれているのです。幹には無数の弾痕が残っています。激戦地である八字橋の草原に立つ銀杏の樹は偵察に都合がいいのですが、登る兵士は標的とされ、同時に銀杏も撃たれたのです。

そんな話を聞いた後、子どもたちは遊び始めるのですが、やがて見張りの兵士が「サッカーボールだ」と丸いものを放り投げ、それが頭骸骨と分かると男の子たちは「はちろぐんのだ」と騒ぎ、ぶつけ合って遊びます。大人も子どもも、その頭蓋骨が日本兵のものであるかもしれないとは全く考えない、八路軍もまた人間であるということに思い至らない、そんな時代があったのです。その子どもたちが大きくなった時、頭蓋骨をぶつけ合ったことを痛みとして思い出したのか、可笑しかった思い出として思い出したのか、どうだったのでしょう。前者は、贖罪意識を抱えて、後者は良心に蓋をして生きることになったのではないでしょうか。

結局、ラッシュの上海の街中を大型バスで行く先を探して回るのは不可能となり諦めました。どちらにしても走っているのはかつて日本軍が蹂躙した場所、車窓から閘北という地名の看板などが目に入ると、当時の写真で見た瓦礫の山、上海事変の凄まじさが思い出され、臨場感が惻々

戴さん（右）と若者

と伝わってきました。

帰国の日、戴さんと団員の若者二人とのお別れは感動的でした。記念撮影をした時はまだ笑顔だったのですが、出発口に近づくと二人は早や涙目になり、それでも「中日両国人民世々代々友好下去（「日中両国の人はこれからずっとなかよくしていきましょう」の意）」と戴さんに言うことができました。一生懸命練習したのに半泣きだったので四声はめちゃくちゃでほとんど一声でしたが、戴さんは分かって下さったのでしょう、まるで娘にするように二人を抱きしめてくださいました。戴さんを通じて中国の人々の温かさを二人が感じとったことは、今回の旅の大きな収穫でした。旅の終わりに、国と国はどうあれ人と人は出会い、話し、一緒に笑い、食事をすることによりつながり合っていけると、またしても確信しました。

広州に残る空襲跡

広州は華南の抗日の最大拠点であり、欧米の援蔣（蔣介石援助）物資の80パーセントが通過する重要地点と考えられていました。日本軍は漢口攻撃と並行して1938年10月12日、広州東方のバイアス湾から上陸しました。中国軍は漢口防衛に力を削がれ、日本軍は一気に進軍、その時に従軍したのが火野葦平です。彼の『広東進軍抄』を読むと、日ごとに部隊は移動しています。それだけに大変な強行軍で、炎天下行軍する兵士たちの中には突然倒れて息を引き取る者もいたと書かれています。今で言う熱中症なのでしょう。死者はおそらく「戦死した」と故郷に伝えられたことと思われます。

白雲空港で華聯旅行社の金さんと、ガイドの曹さんの出迎えを受け、バスに乗り込みます。今回、南京のガイド兼通訳の載国偉さんを招待し、一緒に広州を旅します。気温は35・6度、北回帰線の通る亜熱帯の蒸し暑さはこれかと覚悟を決めました。

高速道路の沿道にはヤシ、ガジュマル、ユーカリなど、神戸ではあまり見かけない木々が植わっています。黄色の花をつけたのは台湾ニセアカシア、紫色の花はジャカランタ、歩道橋の手すりのプランターに咲いているのはブーゲンビリアで厦門市の花、広州の市の花は木綿《きわた》、真っ赤な花をつけるが今は咲く時期ではないなどの説明を受けました。

　最初の見学は石馬桃花公園にある旧日本軍のトーチカ、中に入るとコンクリートの壁の厚さは数10センチもあり、機関銃座のような形のところは大きく窓が開いており、いくつか銃眼もありました。曹さんによると戦争遺跡として2基を残す予定、日本軍の遺跡を残すのは珍しいということでした。

　次に向かったのは黄華路の空襲犠牲者の追悼碑。ここは当時官庁街でしたが日本軍の爆撃にあい、近くに住む貧しい人々も犠牲になったということです。

血涙酒黄華碑

　碑は古い家並みが続く街路を曲がって少し入ったところにあり、もう閉店した小さな商店の前に建っていて、うっかりすると通り過ぎそうでした。国民党時代の１９４６年に建立され、住民によって追悼式が行われました。花崗岩の碑には正面に

「血涙酒黄華」と刻まれ、裏には広州陥落前の１９３８年の5月2日と13日の午後、2度にわたる空襲によって１００余人が亡くなったこと、日本軍の占領中はできなかったけれど、解放後亡くなった人たちを慰め、残った人々を励ますために碑を建立したこと、事実を石に刻み永遠に記念すると書いてありました。

日本での戦争体験では空襲の被害が語られます。私も子どもの頃から空襲がいかに恐ろしかったか、すぐそばに焼夷弾が落下したことや機銃掃射を避けるために溝に転げ込んだことなどは、母や祖母からたびたび聞きました。戦争というと空襲を思い浮かべるくらい切り離せないものでした。でも市民に対する無差別爆撃を最初に行ったのは、ほかならぬ日本です。後方を戦略爆撃することによって相手の戦争遂行能力を叩くと同時に、戦意を喪失させることが狙いでした。

海軍の記録によると、中国への爆撃機はほぼ毎日出撃しています。呆れるばかりの「勤勉さ」ですが、単に攻撃のためだけではなく、来たるべきアメリカとの「最終戦争」に備えて戦闘機、爆撃機の訓練を中国で行ったと考えられるそうです。

このような無差別爆撃は国際的な非難を浴びました。日本の中国空爆は、ピカソの有名な作品「ゲルニカ」が描き上げられ、パリの万国博覧会で展示されていたさなかの出来事だったのも反響を大きくしました。駐日アメリカ大使グルーは当時の外相広田弘毅に面会し、本国の怒りを伝えました。しかし日本は無差別爆撃と非戦闘員殺害を否認、国際連盟の非難決議に対しても、一般市民と軍事施設が混在しているのだから仕方がないと言わんばかりの対応をしました。ルーズ

ライトアップされた珠江

ベルト大統領は「他国の内政に干渉しあるいは他国の領土に侵入することにより、世界の秩序及び国際法を破壊しつつある……正当な理由もなく婦女子を含む非戦闘員を空爆により無慈悲に殺害しつつある状態である」と非難しました（当時のアメリカ政府はこのようなことを言っていたのです）。

日本の中国空爆はやがてブーメランのように反転し、アメリカ軍の日本空爆、そして広島、長崎への原爆投下につながっていきました。更に朝鮮戦争、ベトナム戦争をはじめとするアメリカの無差別爆撃、そしてＩＳを相手に欧米諸国が行った空爆にもつながっています。歴史に残した負の足跡はあまりにも大きいです。

ホテルはかつては市の中心だったところ、絶好のロケーションで、窓からは珠江を見渡すことができます。東北の黒竜江、華北の黄河、華中の長江と並んで、珠江は華南を代表する大河です。幾筋にも枝分かれしながら珠江デルタを形づくり、広州市を滔々と流れています。河沿いの建物や橋はライトアップされ、居ながらにして観光気分を味わうことができました。この際、節電とか言っても仕方ないので、きらびやかな夜景を楽しみました。

朝の散策で

翌日は早起きし、ルームメイトと朝の散歩で沙面に向かいました。沙面は租界の建物が多く残っているところ、神戸の旧居留地のようなものです。植民地主義、帝国主義の爪痕ではありますが、建造物として重厚で美しいことも確かです。何せ「むすぶ会」は戦跡を駆け巡り、うるおいも何もあったものじゃありません。旅程を考える時、観光は封印しますが、それでも、少しはそれなりにきれいなところは見てみたいじゃありませんか。幸いホテルから沙面は近い、20分くらいだと聞いて、じゃあぜひとも行かなくちゃとホテルを出ました。

河沿いの道は広い遊歩道になっていて、街路樹のガジュマルが枝を伸ばしています。複雑に伸びた枝と濃い緑色の葉は、南国らしい景観をつくっていました。朝でしたから日差しはまだ強くはなかったのですが、日中、この枝とみっしりと茂った葉は陽をさえぎり、よい日陰をつくってくれるだろう、また少々の雨ならしのげるだろうと思えました。

遊歩道には、散歩する人、ところどころの石のベンチに座って河を眺める人、魚釣りをしているような人もいました。大きな箒で掃除をしている人もいました。全体にゆったりとした感じで、何時も道をせかせかと歩く日本とは違っています。そんな中で私たち二人は結構日本的に歩きました。でも目指す沙面にはどうも行きつきそうにもありません。沙面を目前に引き返すのは残念でしたが、Uターンしようとしたところで、一基の碑に出会いました。正面に「毋忘此日」（この日を忘るるなかれ）と刻まれ、下に「中華民国14年6月23日」とあります。中華民国14年は1925年、5・30事件の年です。この碑は「沙基惨案烈士紀念碑」、沙基事件（六二三事件）を記念するものでした。

1925年、上海の日華紡（日系紡績会社）で働く中国人労働者が待遇改善を求めて行ったストライキに対し、工場側が発砲し1人を殺害しました。5月30日に抗議のデモが起こりますが、租界のイギリス、そして日本は強硬に対処し、警察が発砲し多くの学生、労働者を射殺しました。これをきっかけに上海全域でゼネストが決行され、反帝国主義運動が各地に広がりました。これが5・30運動で、5・4運動と並び中国の近代化を求めた大国民運動です。この時香港と広州の港も封鎖され、6月23日には広州の沙基に集まった10万人の反英デモに対し、沙面から英仏軍が発砲、52人を殺害しました。偶然通りかかった場所でしたが、現在は美しい珠江沿いで、このような闘いと弾圧があったということを知りました。

波8604部隊

この日は日本軍の波８６０４部隊（広東における細菌戦部隊）の加害の跡をたどります。地続きですから当然なのですが、広州には香港関連の戦争跡地が何カ所かあります。

香港の旅の時には、本土に返された難民たちの行方までは思い及ばなかったのですが、その人たちは傀儡広東省政府によって収容所に入れられ、一日にお粥一杯だけ与えられるのみでした。しかもお粥の中に入れられたサルモネラ菌などにより次々と殺害されました。収容所内では当時「カゴの鳥は高くは飛べない、味付けガユを食わなきゃ空きっ腹、食えば食ったで腹痛み、病気になっても薬はない、死んだら最後、骨まで溶かす池に放り込まれる」という歌がはやったそうです。私たちが訪ねたのは、殺害された人々の追悼碑です。

碑の表には「侵華日軍の細菌武器のもとで亡くなった無辜の人々　粤港難民の墓　１９９５年7月20日建立」（粤は広東、港は香港の意）、また裏面には次のように刻まれていました。

「この付近1キロ辺りには数千体の無辜の人々の遺体が埋められている。彼らには残す名も無い。１９４2年広州南石頭の収容所で、数千人の香港と広東の難民が痛ましくも日本侵略軍に秘密裏に殺害された。彼らは細菌武器がもとで亡くなった。この軍隊の名は波８６０４部隊という。この痛ましい歴史は半世紀の間覆い隠されていた。１９９4年ついに明るみに出た。罪なき魂を慰め、歴史に留め、のちの人のいさめとし、人々が平和な環境のもとで暮らせるよ

粤港難民の墓

うに、20世紀の歴史の悲劇を繰り返さないために、世界反ファシズム戦争と中国抗日戦争勝利50周年に当たり、特にこの碑を建て、永久に記念する」

碑は広州製紙会社の敷地のはずれ、アパートが並ぶ一角で、ここに遺棄された遺体が埋められました。日本軍は難民の処遇に窮し殺害しましたが、初めは遺体を縦5メートル×横20メートル×深さ5メートルのコンクリート製の「池」に入れ、薬品を投入し溶かしました。「化骨池」です。「池」は二つ造られ、蓋を取る時は大変な臭いがしたということです。やがてその「池」もいっぱいになったので、そのまま遺棄したとのことです。

広州製紙工場の管理係だった人は、1950年代職員住宅の建設時、この付近を50センチも掘ると沢山の白骨が出たことを証言しました。遺骨は何層にも重なり、長い間野晒しになったあと埋められたようで、ボロボロだったそうです。更に1980年代の工事の際、1メートルほど掘り下げたところから100体余りの遺骨が数組発掘されたということです。すべてバラバラで何体か数えようもない状態だったそうです。基礎工事の壁のための穴を掘っただけでそれほどの遺骨が出たことに工事関係者は驚きましたが、当時は真相を究明しようにも方法がなく、工場が費用を出して遺骨を別の場所に埋葬しただけに終わったとのことです。

碑のある辺り一帯ではどのような出来事があったのか、その前に立ってしばらく想像してみました。今はアパートがすぐそばにあり、住民が私たち一行を興味深げに見ている、そんな場所です。追悼碑は大木の陰にひっそりと立っていますが、故郷を追われ収容所に押し込められ、怪しげな食べ物を食べざるを得ず、その結果苦しみながら死んでいった人たちの嘆きの声と、そのような死を強いたものに対する告発が聞こえるようでした。

次に訪ねたのは牛山の万人坑です。牛山公園は小高い山を利用した公園で、清朝末期、阿片戦争の頃、林則徐が建設した砲台も7基あるそうです。資料によると、万人坑は長さ100メートル余り、幅と深さは3メートルの一本の溝穴です。広州陥落後、日本軍憲兵隊が中国人を殺害する刑場としてつくり、広州や近郊から捕まえてきた抗日戦士と無辜の群衆を銃殺し、遺骨を埋めました。1984年の工事の際、遺骨が発掘されました。多くは首を切られていました。

ガイドの曹さんは公園の中を走り回り、一生懸命探します。下見に来なかったことを大いに後悔しているのでしょう。管理の人に聞いても知らないという返事。もちろん私たちもあれかな、ここかなと探します。けれどそれらしいものは一向に見当たりません。散歩している女性に聞くと「ここで生まれ育った私の夫は、『万人坑はここだ』と言っていた」ということでした。

おそらく万人坑は１カ所ではないだろう、女性の言っていることも本当かも知れない、でもこんな山の中にわざわざ連れてきて殺すだろうか、いや、騙して連れてきて、人目につかない場所で殺害したのかも知れない、など皆でいろいろと推論して諦めました。

細菌戦本部址の碑

昼食後、中山医科大学へ。ここの図書館は、難民を殺害した波８６０４部隊の本部跡です。日本軍は１９３８年10月22日の広東占領後、ここに中国で４番目の細菌戦部隊「波８６０４部隊」を置きました。闇に葬られていたこの部隊について、広東省社会科学院歴史研究所の沙東迅さんが地道な聞き取りと研究を重ね、その罪行を明るみに出しました。

細菌戦部隊分隊長だった丸山茂という人が同じ頃、

日本で行われていた「731部隊展」を見てショックを受け、「他国を侵略するような事態を繰り返さないために、何度も考えた上で、『香港難民を大量に虐殺した細菌戦』のことを明るみに出す決心をし」語ったことも、沙東迅さんの調査を裏付けました。日本側の研究でも、陸上自衛隊衛生学校編集の旧陸軍衛生史関係の資料に調査内容と一致する証言が見つかっています。

沙さんは研究論文で、歴史の教訓を永遠に残すために被害者が勇気を持って告発することを希望し、行政や研究者、マスメディアにも呼び掛けました。「粤港難民の墓」は彼のはたらきの結果、建てられたものです。

部隊の総務課などが置かれた2階建ての図書館の壁には広州市人民政府が1997年に「侵華日軍細菌戦広州大本営旧址」と刻んだプレートを設置しました。

孫中山紀念館

広州3日目、中山市に向かいました。南に進むにつれて田園地帯となり、明るい陽光が満ちた美しい風景が広がっています。魯迅は「黄河以北の数省は、黄色と灰色で画かれ、江蘇・浙江は淡い黒と淡い緑であり、厦門は淡い紅色と灰色であり、広東は濃い緑と濃い紅色である」と書いています。厦門は行ったことがないので分からないのですが、他のところはなるほどと思いました。とくに車窓から見える景色はくっきりと濃ゆく、生命力にあふれていました。

中山市ではまず、孫文の生まれ故郷である翠亨村の民俗展覧館を見学しました。１００年ほど前の、中流から上流家庭の民家が保存されています。海が近く台風も来るので、家は頑丈な煉瓦でつくられています。台所や寝室・お風呂・トイレのほか、嫁入りの輿もある新婚の部屋も見て回りました。

庭には枇杷、金柑・バナナ・マンゴー・楊桃など、美味しそうな果物の木が沢山植わっています。楊桃の木を見つけた時には、実もなっていないのに、嬉しくなってしまいました。魯迅先生がお好きだったのです。ほとんどミーハーですね。

魯迅は広州大学（現・中山大学）で教えていたことがあります。大学の時計台、「大鐘楼」と呼ばれていた建物に住んでいて、そこは魯迅紀念館になっています。

彼は『鐘楼にて　夜記の2』という文章で広州について書いていますが、そこに楊桃のことが出ています。「広東の花と果物は……やはり珍しいものだ。私がもっとも好んでたべたのは「楊桃」で、なめらかで歯ぎれがよく、酸っぱくて甘い。……私は楊桃の功徳をいつも宣伝するのだが、たべた人は皆賛成する。これは私のこの一年間におけるもっとも顕著な成績である」とほめています。

その広州滞在も半年で終わります。蔣介石の上海クーデターが起こり、教え子も逮捕されたため、魯迅は抗議して辞職し広州を去りました。

孫中山紀念館に入ると、正面に孫文立像があり、20世紀中国の巨人、偉大なる愛国者、中国民主革命の偉大な先駆者と最大級の賛辞が書かれていました。

孫文は、中国人が黒人奴隷に代わって売買されるようになる苦難の時代、第一次アヘン戦争や太平天国の動乱の頃生まれました。展示品の父母の肖像画や、紅や緑の彩色のある食器、白地に青色の模様の器などは、比較的裕福な暮らしをうかがわせるものでした。ハワイで成功し大農場主になった兄を頼り12歳の時にホノルルに渡ります。帰国時に持ち帰ったランプもありました。香港時代、マカオ時代を経て広州博済医院に勤めていた頃、男子が産科の実習に参加できないという規定を撤廃し、最も早く産婦人科に接触した男性医師となりました。1894年、ホノルルで興中会を結成、1900年から、のちに国旗となる青天白日旗を軍旗に掲げ、起義と亡命の日々を送りました。1911年辛亥革命が起こり、孫文は大総統に就任、中華民国が成立し、封建帝政を終わらせました。

宋慶齢と結婚したのは1915年です。慶齢は「中山の助手、忠誠なる戦友」と書かれており、彼女が使った携帯できるコロナのタイプライターも見ました。あの当時、タイプライターを駆使して働く女性はわずかだったことでしょう。

孫文が踏み切った国共合作時の中央執行委員会の名簿に毛沢東の名も載っていて、孫文の死後、合作の崩壊と血みどろの内戦が起こる前は、こういう時もあったのだと実感しました。

三灶島《さんそうとう》惨案

孫中山紀念館を後にし、珠海市へ向かいました。珠海市は珠江デルタの東岸にあり、150近くの島があります。南に行くとすぐマカオです。1980年代に経済特区に指定されて以来、目覚ましい経済発展を遂げています。

訪中前、旅程の説明でここの日本軍飛行場跡を訪ねると言われていたのですが、車内でガイドの曹さんと打ち合わせをしていると、飛行場は残っていない、日本軍のトーチカは山の中のどこかにある、下見はしていないというお答え。ぎょっとしました。牛山の万人坑のこともあるし。何時間もかけてバスに乗ってきてフィールドワークができないということになっては、団員の皆さんにどうお詫びできるでしょうか。

現地頼みになってしまっていた、事前準備が不足していた、あぁどうしようと切羽詰まってしまいました。すると客人のはずの戴国偉さんがおもむろにスマホを取り出し手早く検索、日本軍が珠海の島の一つ、三灶島に飛行場を建設、山奥にトーチカがあり、「慰安所」、兵舎もあったこと、三光作戦も行ったと説明して下さいました。あとは戴さんにお任せするしかないという気持ちで、バスの窓から前方に目を凝らしていると、突然、道路わきに大きな門が現れ、その後ろに碑が見えてきました。

バスから降り、堂々とした門をくぐります。「悲恨長天」「日偽凶狂血酒人間千載墳」「中華抗

三灶島惨案紀念碑

慰安所跡の内部

暴気貫山河万古存」という文字。説明板には次のように書いてありました。

「三灶島侵華日軍罪行遺迹（万人坑遺址）七・七事変（盧溝橋事件）後の1938年2月16日、日本軍6000人余りが蓮塘湾に上陸、飛行場を建設して三灶島を華南侵略の基地とし、軍事上の必要から大虐殺を行った。旧暦3月12日、魚弄村の366人を射殺、13日上表村、定家湾など36の村、164艘の船を焼き払い、強姦、児童殺害、絶滅の三光作戦を行った、14日には2000人余りの老若男女を捕まえて殴打、殺害し、わずか3日間のうちに焦土と化し、遺体は野を覆った。8年の間に2991人が殺され、3500人が餓死した。日本が投降後、逃亡していた人々は遺骨を集め万人坑を築いた。1948年、華僑が墓をつくった。三灶島万人坑は日本の侵略の鉄の証である。2013年、国務院全国重点文物保護単位とする」

追悼碑は見上げるばかりの高さで、「三灶島三・一三死難同胞紀念碑」と刻んであり、碑の前には花輪が置かれ線香が燃え残っていました。碑の後ろには亀甲墓に似た形のお墓がありました。まずここに遺骨が埋められ、その正面に碑が建てられたということです。碑のある敷地内には、火炎樹とも呼ばれる鳳凰の樹が何本か枝を伸ばし緑の葉を茂らせていました。南国の濃い青空、眩しい陽の光のもと、それに負けないような鮮やかさで真っ赤な花が咲いていました。

予習もなくいきなり追悼碑に出会ったことにより、私たちの知らない加害はまだどれほどあるのだろうと暗澹たる気持ちにとらわれました。

三灶島での侵略の跡

大通りでバスを降り村の中に入って暫く歩いたところに慰安所跡がありました。碑には「三灶島侵華日軍罪行遺迹　2013年指定」と書いてあります。遺跡指定はつい2年前のこと。碑の裏には、三灶島を侵略した日本軍がここにも慰安所を置き、朝鮮・台湾・東南アジアから拉致した女性たちを「慰安婦」として働かせたと書いてありました。

山中に残る日本軍のトーチカ

かつて虐殺事件があった上表村でバスは止まりました。村の向こうの小山のどこかに日本軍のトーチカがあるそうです。でもいくら小山と言っても山は山です。年配の方もおられるのにこの炎天下、やみくもに歩いていただくのは申し訳ないと思ったのですが、名誉挽回とばかり曹さんは道々出会う人に尋ねながら、先に立って走るように山を目指して歩きだしてしまいました。

途中、若者たちの集団とすれ違いました。曹さんは彼らにあれこれと質問しているようです。聞いても聞いても要領を得ずということにならなければいいけれどと思いながら、あまり期待もせず、質問が終わるのを待って先を急ぎました。山登りというほどもなく少し坂道を上がったところにトーチカがありました。

説明板の内容は次の通りです。

「三灶島侵華日軍罪行遺跡（轎頂山侵華日軍トーチカ） 1939年に築く 12平方メートル 鉄筋コンクリート製 円型 直径4メートル 高さ約2・5メートル 壁の厚さ0・5メートル 5カ所の銃眼 1938年1月17日本軍は三灶島に上陸、華南侵略の基地とした 軍用飛行場を建設 それを強固にするためにトーチカを築く 現在は2基のみ このトーチカは三灶島侵略の鉄の証である 2013年国務院が重点文物保護施設とした」

実際に傍に立って、軍用飛行場があった方、現在の珠海飛行場の方に目をやると、確かにそれを見下ろす位置にあり防衛のためにつくられたということが納得できました。

トーチカから出ると曹さんがまだ若者たちと話をしています。聞いてみると、彼らは珠海市三灶島の職員で、ボランティアで史跡の保護活動をしているということでした。

神社や司令部、学校の跡もある、案内してあげるというのです。思いがけない申し出に皆さん驚き、早速若者たちについて山を降り、一緒にバスに乗ってもらいました。

案内された蓮糖村西路には日本軍第6航空隊司令部跡がありました。裕福な住人の家を接収して司令部を置いたということで、頑丈な石造りの立派な家でした。

すぐ近くに元の興亜第二国民学校（現・海澄小学校）があり、広々とした校庭の隅に石造りの円柱が一本立っていました。横木を差し入れるのか、上の方に穴が開いています。学校の中に置かれた祠の鳥居だということでした。

1938年、日本軍は三光作戦によって支配したあと、島民の学校を建設し、奴隷化教育を行った、毎週神社に子どもたちをお参りに連れていったということです。神社そのものは島の中央、当時のメインストリート三灶街を見下ろす丘の上にあったそうです。

また、島の中央に建てた第一国民学校が沖縄移民の子どもたちの学校であったのに対し、興亜第二国民学校は、帰順させた島民の子どもたちの学校だったそうです。

若者たちが日本軍関連のことをよく知っているのには理由がありました。彼らの高校時代の先生が、抗日戦争勝利70周年に当たり、三灶島惨案のドキュメンタリーをつくられた方だったのです。若者たちはスマホで先生と連絡を取りながら私たちを案内してくれました。仕事の途中だったのでしょうが、迷惑そうな顔一つせず、むしろ喜んで案内するという雰囲気でした。彼らの表情や身振り、言葉の端々から、日本人に侵略の歴史を教えるのは決して恨みからではなく、歴史の事実を知って後世に伝えてほしい、それによって平和を築いていくことができるという信念があるからこそなのだということがよく分かりました。

珠海での思いがけない出会いは、戦争に向き合うことが若い人たちにも受け継がれていることを教えてくれました。旅の終わりに、日本も頑張らなくてはと励まされました。

三灶島と沖縄

三灶島は日本海軍が海外に造った最初の航空基地（第六航空基地）でした。１９３８年２月、海軍陸戦隊は三灶島に上陸、基地部隊は連行した労働者や住民を使って１２００メートル×４００メートルの滑走路と付属施設を建設し、その後、彼らを殺害しました。鹿児島の鹿屋、台湾の高雄で編成された航空隊が進出して、連日のように華南へ空爆を行いました。三光作戦や避難後の餓死によって1万２０００人の島民は２０００人足らずに減りました。逃れてゲリラ闘争をする人々に対しても度々爆撃を含め掃蕩作戦を行いました。指揮官発行の「三灶島特報」には、島の裏山には掃蕩を免れた島民が逃げ込んでいるとか、北部の山中に逃れたものを時々掃蕩しているとか、逃走の女を処分したなどと書かれています。

島の人口が減ると、現地調達主義の軍隊ですから航空基地の食糧を賄えないことになります。そこで気候風土の似た沖縄から移民団が送られました。『名護市史』には概略次のように書かれています。

１９３９年9月26日、那覇で○○島行きの農業移民の壮行会が行われました。（島の名前が伏せてあるのは軍事機密だからです）。移民は南方開発挺身隊員と呼ばれ、農業開拓の目的は華南占領地の現地軍に食糧を補給するためであり、それは国家的使命とされていました。第一次は50名の身体強健な男子で、続いて翌年5月、家族を呼び寄せ計２４８人となりました。１９４１年には第二次の戸主45人が出発、43年には家族を呼び寄せました。

当時、三灶島では抗日ゲリラの抵抗が続いていましたが、移民する人たちには知らされず、「南方進出の国策に副う沖縄県民の新たな発展地獲得」「沖縄移民政策の画期的政策」と新聞も喧伝しました。「全くの沃野で、全く住民がいなくなってしまったから50家族ぐらい行けば最も適当な耕地が得られる」と県の視察団の一人は語っています。支度金25円が支給され、水田2町歩に畑5反歩、農具、家畜購入の補助金も提供という至れり尽くせりの条件に、移民申し込みが殺到しました。永住覚悟で家も土地も処分していった人も沢山いました。

島民がいなくなった村に入った開拓団は、島民の家屋をそのまま使いました。「壊れた家を使っていましたが、それは自然に壊れたというより壊された感じでした」とある島民は語っています。「壊れた家の中には、白骨化した中国人の死体があった」「草むらの中に、首を斬られた中国人と思われる頭蓋骨が山積みされていたのを忘れることができません」という証言もあります。

開拓団は軍属扱いで、「農業生産して軍に納めるという話だったが、最初は実弾射撃の練習、兵隊の訓練だった」「昼は食糧増産、夜は毎日交替で夜間警備だった」と語る人もいます。全家庭に銃と実弾が常備されていました。抗日ゲリラ対策だったと考えられます。

１９４０年、日米開戦に向けて中国にいた主な航空隊は日本に帰り、三灶島の航空隊も半減します。飛行場もほとんど使われなくなりますが、開拓団は送り込まれました。「満洲」と同じく、少なくなった軍隊の埋め合わせを開拓団にさせたのかもしれないということです。また戦争末期、働き手が現地召集され、戦死した人もいるというのも、「満州」と重なります。

台湾を訪ねた時、台湾の植民地化遂行のため、やはり沖縄から警察官などが送り込まれたということを知りました。1879年、琉球王国を滅ぼし沖縄県を設置した日本は、初めての南方植民地を手にしたともいえます。その「植民地」沖縄から、次の植民地台湾経営のための労力を提供させたのです。この三灶島への移民はその延長線上にあるといえます。

開拓団というと「満洲」と思っていましたが、今回の旅で、現在にも続く沖縄利用について知りました。知事を先頭に立てて沖縄県民が国に抵抗するのも、このような歴史に対する怒りがマグマのようにたぎっているからだということを、本土の私たちは知らねばならないと思いました。

雲南へ

今回はとりわけ沢山の方から「なぜ拉孟（雲南での訪問先の一つ）に行くの」と聞かれました。余程不思議に思われたようです。それだけ拉孟は知られていない、日中関係に関心を持つ人であっても、訪問する人はまれな場所なのかも知れません。私自身いまさら何を言うかと言われそうですが、まさか自分が拉孟に行くことになるなんて思ってもいませんでした。それが行ってしまったのですから、人生での出会いは不思議なものです。

南京空港から雲南へ向かう飛行機の窓から見下ろすと、濃い緑の山々がずっとずっと延々と続き、ところどころへアピンカーブの見本のような道がくねくねと山肌を縫うように走っています。その道や切り拓かれた畑の土は赤、文字通り真っ赤で、緑と赤のコントラストが目に沁みました。

飛行機を乗り継ぎ保山へ向かいます。眼下はまたしても山また山。このルートはいわゆるハンプ航路（山塊がこぶのように突き出ているのでハンプ〈こぶ〉と呼んだそうです）、ヒマラヤを越え、インド東部カルカッタ（コルカタ）と雲南とを結ぶ空の援蒋ルートに当たります。

雲南は今、雨季。多量の雨をもたらす厚い雲の間を飛びます。度々シートベルト着用のアナウンスがあります。雲を突き抜けると、雲海の上に幾つもの入道雲が夕陽に照らされています。やがて雲の下に出ました。窓を真横に雨が走ります。盆地の中に集落が見えます。段々畑が広がり、黄土色の河が蛇行して流れています。

保山の街が見えてきました。日本軍パイロットが見た風景です。その爆撃機を市民はどんな思いで見上げたのでしょう。日本軍は保山も度々空爆しました。とりわけ1942年5月4日、5日の大空襲では多数の学校で運動会が行われていたこともあり、日本軍機と知らない市民は機銃掃射も含む攻撃にさらされ、1万人に上る犠牲者が出ました。神戸の3・17と6・5のように、保山では5・4、5・5として記憶されています。

飛行機は高度を急激に下げ着陸、保山人民政府外事弁公室の朱さんと熊さんの出迎えを受けました。こんなに多くの日本人の受け入れは初めてとのことでした。

ビルマ・雲南戦線

日中戦争勃発後、日本の中国独占を警戒する米英ソは重慶に退いた蔣介石政権を物資で援助します。その援蔣ルートには、香港から広東へのルート、仏領インドシナからの雲南鉄道ルート、ソ連からの西北ルート、そしてビルマ、雲南を通るビルマルートがありました。

第二次世界大戦、アジア太平洋戦争勃発により他のルートが切断される中、ビルマのラングーンからマンダレー、そして保山、昆明に至るビルマルートは蔣介石政権の命綱となりました。

１９４２年1月、このビルマルートを遮断するために日本軍はビルマに侵攻し、雲南西部まで軍を進め目的を達成、要所に守備隊を置きます。

ビルマルートを奪われたあと、ハンプ航路による物資の輸送が続けられましたが、空輸のため危険も多く量は限られます。中国・ビルマ・インド戦域米陸軍司令官スティルウェルは、インドのレドからビルマのミッチーナ、雲南の龍陵を経て保山、昆明に至る第二のビルマルート、レド公路の建設を開始します。密林と崖を切り拓き、川を渡る難工事の疲労に風土病も加わり、米兵（その多くはアフリカ系アメリカ人）と現地住民からは多くの犠牲者を出しました。総延長１７３６キロのレド公路が開通したのは１９４５年1月、盛大な祝典が開かれました。レド公路はスティルウェル公路、また日本へと続く意味で東京公路とも呼ばれました。

公路建設と並行し、１９４３年11月に米中連合軍のビルマ奪回作戦が始まり雲南戦へと続きます。中国では、ビルマルートを取り戻す戦い、雲南の西で行われた抗日の滇西《てんせい》抗戦と呼びます（滇は雲南の古称、水が多いという意味）。

米中連合軍は、新編中国軍と雲南遠征軍、前者はインドで、後者は雲南で、共にスティルウェルの方針で訓練を受け、米式装備を持った強力な軍隊でした。スティルウェルは西と東から日本軍を挟み撃ちし、余勢を駆って中国から日本軍を駆逐することも考えていました。

日本軍はビルマ北部で新編中国軍と戦い、緒戦の勝利も空しく敗退を続けます。ビルマルートに置かれた各守備隊も、数十倍の規模の雲南遠征軍に包囲されます。このような戦闘の中で、補給も届かず援軍も来ず撤退も許されずに全滅したのが拉孟、騰越守備隊です。

この頃、サイパン、グアム、テニアンと日本軍は全滅していきますが、孤立した島嶼ではなく、撤退が可能な陸地での全滅は戦史上まれなことだといわれます。今年は絶望的な闘いに駆り出された日本軍将兵、そして日本軍の侵入によりその数倍にも上る犠牲を強いられた中国軍民双方の苦難を学ぶことが大きな目的でした。

拉孟

雲南2日目、窓の外は雨。現地ガイドの黄さんと共にバスで走るうちに段々霧が深くなってきました。

南京のガイド兼通訳である戴国偉さんは今回雲南の下見をし、各方面の協力を得て旅程を組み雲南全般のガイドもして下さいます。戴さんは「今日は、松山戦（拉孟戦の中国側呼び名）地見学です。ここには少人数の慰霊団は来ますが、煙草、清酒など供え、供養することは固く断ります。そのような行為は慎んでほしい。草木、石一つも取らないように」と言われました。遺族の気持ちは理解するけれど、政府の政策だからとも付け加えられました。

高黎貢山脈が霧をまとって眼前に見えます。山あいの道は工事が終わったばかりのような新しいアスファルト道、両側あるいは片側は切り立った崖、倒木が目立ち、山肌があちこちで崩れています。両側が崩落しているところもあり、土砂を乗り越えて走りました。

ろばや水牛の数頭の群れに何度か出会いました。それを追って家族連れの人々が歩いています。車も少なくのんびりした風情でした。雲南はとりわけ少数民族が多い地域なので、この人たちもそうだったのかもしれません。

日本軍はラングーン占領2カ月後の1942年5月5日、2000メートルの高地にある拉孟を占領します。もとは小さな集落のある村に過ぎなかった拉孟は、怒江を1000メートル下に見下ろし、恵通橋を渡って保山へと通じるビルマルートの喉首、アメリカ軍の軍事家が「東方のジブラルタル」と名付けた要害の地であることから、滇西抗戦での最も激しい戦いの場となりました。中国軍は怒江に架かる恵通橋を落とし、日本軍の進路を断って退却、怒江を挟む両側の山々に日中両軍が陣地を築き対峙します。西側が日本軍、東側が中国軍です。以後、日本軍守備隊は中国軍の反攻に備え、2年間にわたり営々と陣地を構築します。

米中連合の雲南遠征軍の反攻が始まったのは1944年5月です。ルーズベルト大統領は、日本軍の大陸打通作戦（北京から広東に至る鉄道を確保し、沿線の米空軍基地を破壊しようとする作戦）を前に自軍の動員を渋る蔣介石に激しく迫り、雲南遠征軍の進撃を促しました。蔣介石はついに決断を下し、5月11日、米式装備と訓練を施され、衛立煌将軍に率いられた雲南遠征軍

7万2000名は、米軍の補給と将校の助言を受けつつ怒江を渡ります。対する拉孟守備隊は1200名余、その中には歩兵や砲兵以外に、通常はあまり実戦に参加しない輜重兵、衛生兵、防疫給水部の兵士のみならず、傷病兵で動ける者も含まれていました。他のビルマルートを守る各守備隊も数百、ないし数千人規模にすぎませんでした。そもそも拉孟に限らず、遠征軍の渡河できそうなところは300キロにわたり（東京～名古屋間以上）、そこをわずか1万1000人の兵士で守ろうとしていたのです。

6月2日、遠征軍は砲撃を開始、渡河した遠征軍は拉孟と、司令部を置く龍陵との間に進出、拉孟はわずか1週間足らずで孤立します。それでも初めのうちは遠征軍の総攻撃を阻止していましたが、陣地が次々と落とされていき、戦死傷者は増え続け、全滅を先延ばしにするだけの闘いを余儀なくされます。数回、飛行機による決死の補給により弾薬などが届けられますが、陣地の必要には遠く及びませんでした。それに対し遠征軍は圧倒的な物量で臨み、一日に打ち込まれる砲弾は数千発を数えます。遠征軍突撃隊は押し戻されても、また陣容を改め、再度、再々度、突撃してきます。拉孟は早々と弾薬が尽き、雨と砲撃で崩れ落ちていく陣地にこもり、食料、水、医薬品もない中、中国兵の投げる手りゅう弾を拾って投げ返したり、挺身切り込み隊を組織しての夜襲、突入する敵との白兵戦くらいしか戦う手段がありませんでした。

7月27日、28日、相次いで司令官たちから感状が打電されます。感状とは、功績のあった軍人、軍隊に司令官が与える文書で、当時の軍人にとって最も名誉あるものでした。その感状なるものを読んでみると、内容の空疎なことに怒りを通り越して唖然とします。同じ頃、書類などの焼却命令も出されます。全滅は必然と考えられていたのです。

8月29日、守備隊本部を置く陣地が奪われ、9月5日、守備隊長は訣別電報を打ち、文書を焼却、無線機を破壊します。7日、150メートル四方の陣地に追い詰められた数十名は敵中に突入、全員死亡します。その直前、連隊本部への報告を命じられた木下正巳中尉が兵2名を連れて脱出しました。拉孟戦の様子が分かるのは彼が生き延びたからです。

松山陣地

松山陣地に近づきます。戴さんが車窓から周囲を見ながら「あちらにビルマルート構築紀念碑がある。慰安所跡はあの辺り」「野戦病院もあった」と説明して下さいますが、バスを降りて見に行くことはできないようです。南京なら降りて近寄ってみることもできますが、ここでは気安く行動することは遠慮されます。戴さんの固い表情に質問もはばかられました。

トイレ休憩で初めて拉孟の地面に降り立ちましたが、かなり緊張しました。村の人たちは、大勢の外国人にびっくりしたのでしょう。不思議そうにじっと見つめられました。

そこからバスで数分で陣地の入口に着きました。「松山主峰」の碑があります。その前に古い木が添え木に支えられて立っています。「弾痕累々的見証樹」（弾痕が累々とついている証拠の

弾痕が残る樹

木）というプレートが付いています。黄さんによるとはここでは猛烈な砲撃があり、それを受けた木が3、4本だけ残っており、この木は一番弾痕が多い木で、40発摘出したとのことです。

入口付近から細い道がのびています。小さな池のそばで戴さんが、「この池は日本軍が入浴、洗馬、炊事などに使いました。隠れ穴もつくられ、途中で空襲があったらそこに退避しました」と説明した後、「本を読めば、日本兵はここで束の間の平和を楽しんだと書いてありました」と言われました。現地の人たちにはもちろん、戴さんにとっても日本軍は許されざる者ですが、それでも「束の間の平和を楽しむ」日本兵のことを紹介する言葉に、日本兵もまた人間だったということを認めて下さっているように感じました。

水の確保は重大問題で、池や湧き水、井戸の水を使いましたが、乾季の終わりには渇水し、搬水班が背負い袋を担ぎ、往復数時間かけて山裾の川から運んだそうです。あとになるとトラックの部品で揚水ポンプを作り3キロに及ぶ水道配管もつくられました。それも攻防戦の中で破壊され、兵士は飲み水にも苦しみ、砲弾跡に溜まった雨水などで渇きをしのがねばならなくなりました。

池を過ぎ、いよいよ山坂を登ります。２０１２年、陣地を巡るために柵を巡らした板張りの登山道が完成、その上を歩くのですから、足元の心配はありません。心配した雨も降らず、霧だけが時おり樹間を通り抜けていきます。

地形は大変険しく、傾斜60～70度のところもあり、登山道から見下ろすと、登り降りの困難さが理解できました。こんな傾斜地であちこちの塹壕を回り、水を汲みに往復する兵士の苦労はどれほどのものだったでしょうか。

道の両側、山肌を覆う羊歯の葉の間に次々と日本軍の塹壕が見えてきます。地面に大きな穴が開いていたり、掘られた窪みが延々と続いていたりします。縦穴もあり、横穴もありました。塹壕には、攻撃用の銃座のあるもの、塹壕と塹壕とを結ぶ交通壕、弾薬などを保管する場所もあります。そんなことが道々に看板で説明されていました。

それらが何に使われたものか分かるのは、戦闘終了後、軍関係者が日本兵の残した陣中日誌な

日军单兵掩体

壕の跡

盖沟式射击位
Covered Trench for Shootine
S041
日军人员物资掩蔽崖口
Japanese Shelter Notch of Individual Supplies
S042
胸墙
枪座
弹药崖口
轻机枪座
备用轻机枪座
物资掩蔽崖口
掩盖物
背墙
交通壕
伤员救助崖口
日军战壕结构示意图

壕の説明版

どを手掛かりに記録したもの、戦闘に加わった国民党の将軍で台湾に逃れた人がまとめた回顧録などを参考にしたからとのことでした。

守備隊は「拉孟の陣地は我われの墓場である。いま流す汗の一滴は、敵の反攻時の血の一滴である」を合言葉として陣地を築いたといいます。縦横に網の目のように造られた壕が百日間に及ぶ死闘を支えた、それに拠って兵は「玉砕するまで敢闘した」ことが、一つの美談のように、とりわけ参謀級の人たちや戦史作成者によって伝えられています。でも道に沿って点々とある、一人が入るのがやっとの、まるでタコつぼのような壕を見ると、本気で守りきることができると信じていたのかと疑わざるを得ませんでした。ここの兵士は負傷しても手当てを受けられず、動ける限り戦わねばならない、何度も何度も負傷して、最後は自殺同然の突撃をしました。こんな戦いを「玉と散る」などと言えるのでしょうか。

道々朱さんと少し話をしました。朱さんは騰越（現・騰衝）の人、同じ村の友人の祖父が犠牲になった、犠牲になった人は沢山知っていると言われました。ここには日本人は大勢来ますかと聞くと、「慰霊団の日本人は来ます。でも慰霊はできません。皆さんは騰衝を訪問する友好団としては初めてです」と答えられました。

拉孟も騰越も、日本人に開放されてからまだ20年ほどしか経っていません。かつての将兵や遺族の方々が訪問するようになりましたが、遺骨の収集と慰霊は一切許されていません。侵略し、多くの人々を殺害し、略奪し、心身共に深い傷を負わせた側が、遺骨を掘り出したい、慰霊をしたいというのは勝手すぎる、そのようなことは住民感情として許しがたいということなのです。それは、朱さんのような、私たちのガイドをして下さる方の思いでもあるのでしょう。陣地跡では、心の中で日中両軍の死者を偲び、心に刻むことしかできないことに、もどかしさを覚えるとともに、加害の重大さを思わずにはいられませんでした。

見学地の終点に、大きな丸い台座の上に松山陣地の模型が置かれていました。松山を中心にいろいろな地名が周りに書いてあり、その中に「東京」もありました。はるか東京、日本からここまで攻めてきた日本軍の壮大で無残な無駄を感じました。

陣地の見学の後、昼食。松山でいただくお料理は大変繊細な味付け、いろどりでした。感動のあまり、食堂の女性たちに、一緒に写真を撮ってもいいですかと尋ねると、笑顔で応じて下さいました。撮り終わったあと、そのうちの一人から「どこから来たのですか?」と聞かれました。「日本からです」と答えると、ほんの一瞬表情がこわばりました。ほんの一瞬です。私の思いすごしかもしれません。でも、日本軍が犯した戦争犯罪の膨大さを考えると、この女性たちの中にも犠牲者に関わる方があってても不思議ではありません。日本軍の加害はこの土地の歴史の中に刻まれています。少人数の慰霊団以外は日本人が訪れることはないといっていいこの土地の彼女たちにしたら、「あの日本人」とこんな風に出会うとは思ってもいなかったのかもしれません。そんなことがいろいろ頭をよぎり、でも少しでも話をすることができて、辛いけどよかったと思いました。

恵通橋

食後、恵通橋へ向かうはずだったのですが、やはり道路事情が悪く大型車両は通れない、タクシーもないとのことで、現地の車で数名だけしか行けなかったのは申し訳ないことでした。

恵通橋へは旧ビルマルートを走ります。急な下り坂、割石の敷かれた赤土のがたがた道です。ガードレールなんかありません。車に乗り込むと戴さんが「私は命を賭けていますよ」とひとこと。戴さんの橋にかける思いに触れ、気後れしていた気持ちが、一気にしっかり行って見てこなければ、伝えなければというものに変わりました。

時間の関係もあるのでしょう、運転手さんはハンドルを握ると100キロくらいの猛スピードで走る走る走る。クラクションを鳴らしながらカーブを回るのですから、対向車があれば衝突必至と度々思いました。幸い対向車はありませんでしたが、本当に命がけという気がしました。車の天井の手すりを握りしめ、バウンドに耐え続けました。それでも何とか外の景色を見ました。高度がみるみるうちに下がり、それにつれ、しばし忘れていた暑さが戻って来ます。トウモロコシ、タバコ畑が、サトウキビ、バナナ畑に、高山気候から亜熱帯気候に風景も変わっていきます。

途中で一度だけ、車から降りて、怒江を見下ろすことができました。泥の色の水が眼下を流れていきます。恵通橋と新しく架けられた紅旗橋が並んで見えます。橋の右手は拉孟陣地の山、怒

川は怒江、右は拉孟陣地の山、手前は恵通橋、奥は新しい紅旗橋

江の水面から1000メートルの高さです。左手は鉢巻山。山肌を切って道が作られていて、それが鉢巻きを巻いたように見えるところから日本軍が名付けたものです。

再び車で走り、恵通橋に到着。「援蔣」のスローガンが描かれた橋の入り口の門の写真を幾度も見て、何となくもっと大きな橋を想像していましたから、案外小さく思えました。原爆ドームを初めて見て思ったより小さいと感じる、あの感覚でした。

この辺りは亜熱帯、きつい日差しに照らされて橋は歴史を証するかのように立っていました。蛇腹のドアが付いていて、少し開いています。日本人が入っていいのかなと迷いつつ、それで

恵通橋

もここまで来たのだからと思いきって橋に足を踏み入れました。橋げたの隙間から流れが見えます。欄干は鎖と鉄条網、そこから見下ろすと水は渦を巻きながら流れていきます。少し下流に紅旗橋が見えました。対岸までは数十メートル、渡りきったところに星の印が付いた門が立っています。その後ろには鉢巻山。

１９４４年５月からの雲南遠征軍の反撃の際、怒江の沿岸沿いに次々と渡河が始まりました。東岸からゴムボートに乗って、初めは滲み出すように、そして次には洪水のように押し寄せる遠征軍に対し、西岸のあちこちに置かれた日本軍守備隊はそれぞれに壮絶な抵抗をし退却していきました。全滅戦の拉孟が名高いですが、それ以外にも怒江を挟んで沢山の死闘があったのです。拉孟がついえたあとも、生き延びたのが不思議と思えるビルマ撤退戦が続きます。

それらの戦いの中でもとりわけ恵通橋はビルマルートのポイント地点でもあり、その奪回は遠征軍の反撃の象徴的出来事として記憶されているのでしょう。

この橋まで来られたこと、そのための沢山の人たちの努力、心遣い、準備、そして幸運などをかみしめる暇もなく、車に戻るように促され、それでもぐずぐずと周りを見回しながら10分足らずで恵通橋を後にしました。歴史の現場に立ったということでしばらくぼーっとしてしまいました。

帰りは、とにかく橋までたどり着けたということで気が楽になり、窓の外を眺める余裕も出てきました。風景は飛ぶように去っていきます。

行きがけに、戴さんが道に大きく張り出した岩を見て、「これは当時の写真にも出てくる有名な岩です」と言われました。この岩は帰りに遠ざかりながら何とか撮影することができました。あとで訪ねた騰越の抗戦紀念館で、なるほど中国軍と米軍の兵士がこの岩のそばに写っている写真がありました。橋、岩、割石の道、川、山、全部あの戦いの、今も残る証言者なのです。

龍陵

来た道をまた登って龍陵へ。さっきとは反対にどんどん涼しくなっていきます。龍陵は山あいに開けた小さな町、南のシルクロードが通じていました。ガイドブック「龍陵旅遊指南」には龍陵について、「祝福された土地、稲の穂波が揺れ、石斛が香り、山羊が走る豊かな自然、絶世の美しい玉を生む宝の地、25の少数民族が住み、長い歴史の中で絢爛たる文化と多彩な風情を育んだ」と書かれています。

でもガイドブックの最初に紹介されているのはやはり滇西抗戦、松山戦役遺址です。

龍陵の人たちがこのように誇らしげに紹介するこの町を、日本軍は１９４２年5月に占領、守備隊歩兵団の司令部を置きました。東へ行けば拉孟、西へ向かえば騰越という、ビルマルートの重要拠点だったからです。龍陵も盆地、町を囲む山々のあちこちに日本軍は陣地を築きました。もちろん慰安所も置きました。遠征軍の反攻の際、次々と陣地を落とされ、全滅の危機の中、辛くも脱出しました。

龍陵の戦いを描いたのは古山高麗雄です。龍陵だけではなく、彼は憑かれたように戦争を描き続けました。それも兵士の目から見た戦争です。拉孟行きが決まるまでは、古山の作品はほとんど読んだことがありませんでした。出発前に急ぎ読みましたが、なぜもっと早くこういう作品を読まなかったのか、読もうともしなかったのか、読んでいれば兵士というものに対する考え方も違っていただろうと後悔しています。

訪中後、ＮＨＫ制作の「龍陵会戦――一兵卒の戦争」というドキュメンタリーを見ました。一兵卒古山の目から見た戦争を描いています。冒頭、当時少年だった現地のお年寄りが登場し、龍陵を囲む山の陣地で中国兵、日本兵がすき間もなく折り重なって死んでいるのを見たということを痛ましそうに話していました。国の違いにとらわれず死者を悼む表情でした。作品には中国側の兵士のことは、砲を撃ったり、火炎放射器を構えて突入する姿などのほかはほとんど描かれていません。しかし古山の文章をあげて、日本兵が、何のために戦うのか、戦況はどうなっているのかも分からないまま、命令されれば勝算もなく戦わざるを得ない、死を受け入れざるを得ないことの理不尽さを訴えていました。

そんな歴史を持つ龍陵は落ち着いたたたずまいの田舎町、ホテルの玄関の植え込みには木犀の花が咲いていて、そこここで虫が鳴き、秋の風情でした。

旧日本軍慰安所

龍陵の朝、董家溝日軍慰安所旧址（日本軍慰安所犯罪行為展覧館　以下展覧館）がホテルのそばにあると言われ、参観しました。

展覧館は典型的な雲南西部の建築様式で、ヒスイ、茶の取引で財をなした華僑の董一族の邸宅だっただけに、門構えも立派で、梁の彫り物も複雑で美しく、また邸内の窓の斜め格子の木彫りにはじっと見とれてしまいました。

南京でもそうでしたが、日本軍は都市を占領すると、そこの立派な建物を慰安所として接収し

董家溝日軍慰安所

ました。集合住宅のようなところがほとんどでしたが、このような一軒家の豪邸が使われているのを参観したのは初めてでした。

ここは1942年から44年の日本軍占領時代、慰安所として使われました。董一族にとっては言いたくないことだそうで、一族がアメリカに出国する2005年、財産処分の一環として県に寄贈しました。

1階は将校用の部屋で広い風呂場もあり、大きな木製風呂桶は当時のまま、立派なので日本軍撤退後は米櫃として使っていたとのこと。性病の検査室もあり、検査台など当時のものは全部壊して薪になり、部屋の中の備品は復元されたものだそうです。

ここには朴永心さんも一時働かされていて、彼女が訪問した時、記憶によると入口の前に井戸があったと言われました。でも訪問時、井戸はそこにはありませんでした。あとから井戸は別の場所に移したことが分かり、彼女の記憶の確かさがまた一つ確認されました。

一般兵士が使う2階は展示室となっていました。100点余りの証拠品、200枚余りの写真が展示されています。龍陵、遮放、大垭口、盈江などの慰安所の写真もありました。それらの場所の多くは拉孟戦の前後に激戦が行われたところでもあります。「慰安婦」とされた女性たちも戦いに巻き込まれたに違いありません。拉孟では朴さんたちが決死の脱出をし、遠征軍に捕えられ、保山、重慶を経てそれぞれ帰国しますが、それ以外の場所では足手まといになる女性たちを殺害したという証言もあります。董家溝でも銃殺されたり服毒自殺を強いられたといいます。

邸内の一角に「吊慰安婦受難　祈願和平」(「慰安婦」の受難を悔やみ、平和を祈願する)と中国語と英語で書かれた碑が置かれていました。

帰りがけ、案内して下さった陳さんにご家族に日本軍の被害者がおられないかと聞くと、別に憤るふうでもなく、淡々と父の友人が被害にあったと答えて下さいました。

バスに乗り込み龍陵を後にしました。町を囲む山々にも陣地が築かれ、あそこでも激しい戦いが行われたのだと、遠ざかっていく山並みを車窓から眺めました。

騰越

騰越（現・騰衝）が近づいてきました。町は１６００メートルを越える高地の中にあり、古くから交易の要衝で、明の時代に築かれた高さ5メートル、幅2メートルの城壁で正方形に囲まれた美しい町でした。現在、城壁はほとんど残っていません。

騰衝のガイドブックには、ここは「中国人の心の故郷」とあり、森林率70パーセント以上、森林資源が豊富で多種の生物が生息し、居住に最適な地方だそうです。中原漢文化と辺境少数民族文化が融合し、アウトドアスポーツ、温泉、田園地帯、辺境文化を楽しむことができるところと紹介されています。

騰衝はまたヒスイの産地としても有名です。ビルマで産出されたヒスイの価値を騰越の人が見出し、加工技術を生み出し、それは６００年の歴史を持つといいます。かつて騰越はヒスイが中国に入る唯一の道で、交易量の90パーセントを占め、5大陸30あまりの国と交易する世界のヒスイの加工、集散地だったと誇らしげに書かれていました。

騰越戦に際し、守備隊は住民を移転させ射界を確保しました。先祖伝来の地で暮らしを営んでいた人々を追い出し、戦闘の邪魔になる建物は破壊したということです。

日本軍はこの豊かで美しい土地を蹂躙したのですから、人々の怒りは一層激しくなったといえます。雲南戦についても、ガイドブックには、「滇西抗戦は抗日戦争中の重要な戦場、第二次世界大戦中、中国・ビルマ戦線の重要な一部で、騰衝は滇西抗戦の最も惨烈な戦場、焦土抗戦であると同時に、侵略者を滅ぼした最も成功した最も輝かしい抵抗戦である」と記しています。

騰越には、南に来鳳山、東に飛鳳山、西に宝鳳山、少し離れた北方に高良山があります。市内を一望できるその山々に、日本軍は騰越防衛の陣地を築きました。これらの陣地を守るためには7000名程度の兵力が必要でしたが、ビルマ戦線の窮迫はそれを許さず、騰越に配備されたのは歩兵、砲兵以外に、工兵、輜重兵はもとより、防疫給水部、郵便、倉庫勤務、そして野戦病院の患者も含め2000名、一方攻める側は5万名近くに上りました

1944年6月27日、来鳳山への砲撃開始、翌々日、高良山陣地が落ちます。それと前後して龍陵への退路は遮断され、騰越は孤立します。その時、司令部は龍陵防衛に必死で、騰越救援は不可能、更に龍陵を守るために騰越死守を命じます。騰越守備隊も救援を期待できず、拉孟と同じく死ぬまで戦うしかありませんでした。

7月26日、来鳳山陣地が攻略されたあと、守備隊は市内にこもり突入する遠征軍を撃退、戦況は一進一退を繰り返します。しかし戦闘機、爆撃機の空爆、日に1万発を越える砲撃、火炎放射器をも使う攻撃により、立てこもった旧英国領事館をはじめ、市内の陣地を次々に奪われていきます。そして凄惨な市街戦の果て、最後は北東角に追い詰められ、9月13日、残った将兵全員で敵中に突入、全滅します。

行く手にその来鳳山が見えてきました。市内に入り、外事弁公室の劉さんの出迎えを受けまし

た。龍さんは、騰越は山あり温泉ありのきれいなところ、特に銀杏が多く、9月以降、黄葉が素晴らしいと話されました。

もう一人、外事弁公室の何さんは、「楽しい旅、思い出になる旅になりますように。今回をきっかけに再訪のチャンスを作ってください。日本人は来ることは来るけれど少ないです。政府関係者の交流ツアーが1回あっただけです」と熱心に勧誘されました。

滇西抗戦紀念館

騰越ではまず2013年に開館した滇西抗戦紀念館（以下紀念館）とその隣の国殤墓園を訪ねました。中国の建物は総じて大きいのですが、紀念館も建物面積9492平方メートル、入口は見上げるような高さです。一部屋ごとの展示のテーマは、「後方での抗戦」「抵抗する前線」「怒江での対峙」「厳しい反攻」「日本軍を駆逐する」「老兵は死なず」「平和を祈願する」の7つ。

両側の壁面には鉄兜が数知れず架けてあります。ここは一人の民間人が収集した8万8000点もの戦争関連の物を展示するために建設した紀念館でしたが、のち国レベルのものになったそうです。館内では膨大な数の展示品を見ることになりますが、それだけの物が収集できるということは余程沢山遺棄されていたということ、戦いの激しさが分かります。

展示品は、はさみなど折り畳みの解剖道具や、日本軍出征兵士を送る旗、細菌弾がガラスケースに並べられ、銃剣、水筒、飯盒、日本刀などが沢山壁に架けられていました。また、「経済略奪」というタイトルで、タイ族女性に軍用物資を強制的につくらせている写真や、慰安所関連では、朴永心さんのモザイク入りの写真が展示されていました。

電飾を使ってビルマルートの全体像を説明する展示は分かりやすいものでした。このルートについての展示は多く、滇西抗戦においていかに重要な役割を果たしたかということが分かりました。人海戦術をもって、高歌築路（歌を歌いながら道を建設する）、道を築き固める様子が、写真や人物模型群像によって表されていました。山肌に沿った狭い道を拡張し、岩を谷へ落とし、石を砕き、土を運ぶなど、おびただしい人々が働く姿を見ると、これらのルートはたとえ一時遮断しても、最終的に取り返されるだろうということを予想できなかった日本軍は、決定的に想像力が足りなかっただけでなく、中国人の底力を見誤ったのだと思いました。公路を築くための資金は借款、国債の発行のみならず、南洋の華僑が機械や工具を提供するなど、抗戦の意志は国境も越えていたのです。

朱自清の写真もありました。日中戦争当時、日本軍に対する抵抗の意志を持つ人々が続々と沿岸部から奥地へと移動し、後方基地を築きました。大後方と呼ばれます。重慶が有名ですが、雲南もまた抵抗の拠点で、朱自清も訪れたということを知りました。彼のような抒情的な文筆家であってもこのように抵抗の思いは強く、抗日は本当に国を挙げて行われたのです。

野人山の戦いのことも初めて知りました。１９４２年４月、南から攻め上る日本軍に追われ、アメリカのスティルウェル司令官率いる米中連合のビルマ遠征軍は全面撤退を決め、ビルマ北部の山岳を越え密林を抜けてインドに脱出します。その撤退行の中で、とりわけ大きな犠牲を出したのが野人山の戦いです。多くの兵士がマラリアと飢え、寒さで死亡し、白骨が野を覆うという状況になりました。展示には暗い密林の中を敗走する兵士、うち捨てられ白骨化した遺体が描かれていました。「白骨街道」は日本のインパールだけの悲劇ではなかったのです。

部屋の一角の壁いっぱいに恵通橋を爆破する場面が、模型と絵画で示されていました。追撃して東岸に迫る日本軍500人を振り切るために橋を落としたとき、日本軍のみならず、中国軍の兵士や車も怒江へ落ちていっています。非情なものです。橋の爆破によって日本軍の侵攻は止められ、ここはビルマルート遮断の東端になりました。2年後、反攻により開通した時の橋の写真は、人々の喜びを表しているようにズームアップしたものです。

雲南の政治家・軍人の李根源のことも詳しく展示されていました。彼は日本留学経験も持ち、騰越で戦死した守備隊の蔵重隊長たちを国殤墓園の倭塚に葬りました。塚の文字は彼の揮毫になるものです。「日本軍は侵略者であると同時に被害者である」と語ったそうです。敵味方に捉われないばかりでなく、侵略者をも人として見ようとする幅の広さ、人間を深く理解していた人だと知りました。

米義勇兵航空部隊（フライングタイガーズ）のハンプ航路飛行のジオラマも見ました。米軍の戦闘機には機首にサメのマークが描かれていました。サメを見たことのない人々はそれをトラと思い、空飛ぶトラ、飛虎隊と呼んだのが名前の由来だそうです。

ハンプ航路では最盛期には2分半に1機飛んだといいます。しかし物資を積んでヒマラヤの気流の悪い難所を飛び、また日本軍の迎撃も受け大変危険で、米軍機468機、中国軍機46機が墜落したといいます。後続の飛行機は下に散らばる残骸が陽を受けて光るのを目印に飛んでいったということです。ジオラマでは地上部分にキラキラするものを散らし、その様子を忠実に再現していました。

フライングタイガーズを率いたのは、アメリカ陸軍航空隊司令官のシェンノートです。彼は航空部隊に絶対の自信を持ち、中国にある日本軍航空基地と、沿岸を航行する日本の輸送船を爆撃することで、日本軍の勢力を一掃することができると主張しました。蔣介石は初めシェンノートの方法を採り、スティルウェルが主張する、中国軍兵士を使ってのレド公路建設に反対します。しかしシェンノートの構想は空港の整備が遅れ実現せず、一方レド公路は着々と建設され、スティルウェル率いるビルマ遠征軍、新編中国軍によって日本軍は駆逐されていくことになります。以前、南京で航空烈士陵園を訪ねた時、展示会場の真ん中に等身大のシェンノートの像が堂々と立っているのを見ました。今回ビルマ・雲南戦を勉強し、中国人にとって、構想が失敗したとはいえ、困難な時期に力を貸してくれた軍人として記憶に残る人なのだということが分かりました。

もう一人、抗戦時の米軍人で中国で記憶されるのはもちろんスティルウェルです。彼は中国軍兵士を使って日本本土を攻撃することも考えていたといいます。しかし日本敗退後の共産軍との戦闘に備えて自軍を温存したい蔣介石は、スティルウェルに反発、ビルマ・雲南戦線の勝利間近の1944年10月、蔣の求めに応じるかたちで、ルーズベルトはスティルウェルを解任します。スティルウェルは蔣介石政権の腐敗堕落に憤り、蔣介石を罵倒する日記を残しています。彼は解任の2年後に死去、出身校のウエストポイントに慰霊碑が建てられています。松山戦役のことはウエストポイントの教科書に載っているそうです。

会場はあまりにも広く、展示物は重く、時間は限られ、ほとんど切羽詰まった気分で出口の周辺までやっとたどり着いた時、壁面に漫画が飾ってあるのに出会いました。漫画といっても今の日本でいう漫画ではなく、A4サイズ1枚の墨絵のようなものです。1940年くらいに描かれたものが多く、空の砲弾の中から蓮の花が出ていたり、刀の上に本が置いてあったり、「陣亡将士之墓」という絵では、家の周りに柳の木があり、燕が飛び、地面には帽子が置いてあり、「燕帰人未帰」(燕は帰るが人は帰らない)という字が書いてありました。作者は豊子愷という人です(くわしくは徐州の章にて、190ページ)。

中国では抗日戦争時代、魯迅の推奨した木版画やこのような漫画が抗日の意識を高めるために用いられました。これらの絵もそのうちの一つだと思われました。ただ、あまり戦闘的なものではなく、戦争そのものを厭い、平和を願う気持ちが表れているように感じました。この絵に出会って、少しほっとした気持ちになりました。

雲南遠征軍戦没者の名を記した壁　中央上は青天白日旗と星条旗を組み合わせた遠征軍の旗

国殤墓園

外に出て国殤墓園に向かいました。入口には遠征軍戦没将兵の名前を刻んだ石碑が立っています。周囲には石に抗戦の歴史を刻んでいます。

「河、山と共に英霊眠る」と書いた扁額を掲げた忠烈祠の後ろに墓がありました。山肌にびっしり小さな墓碑が並んでいました。赤字で階級と名前が刻まれ、赤い造花や白や黄色の菊の花が添えられています。刻まれた文字を読むと位の低い兵士のようでした。

ビルマ・雲南戦の写真集に、遠征軍が出発する時の写真が沢山載っています。トラックに鈴なりに乗り込み「頂《テイン》好《ハオ》！（「最高！」の意）」と親指を立て

山肌に並ぶ兵士たちのお墓

て笑う若い兵士たち、だぶだぶの衣服のあちこちに装備を着け、嬉しそうにカメラに向かう幼い少年兵。

日本軍兵士の証言には、中国兵の後ろから、ピストルを持って突撃を督励する米軍将校を見たというものもあります。また拉孟生き残りの兵士は、激しい戦闘の中でまだ声変りもしていない声で突撃してくる少年兵を見た、陣地前で泣きながらうろうろする少年兵を「来《ライ》！　来《ライ》！」と呼んで陣地に入れ、情報を聞き出してから殺して谷に投げ捨てたと証言しています。

目の前のお墓には、あの兵士たちもいるのか、いるとしたら、死ぬとき何を感じ、何を思ったのか、わずかな年月しか生きることができなかった彼ら、貧しく苦しい日々の暮らしから脱出し、抗日という「大義」を得て前線に出ていくときの、また実戦に参加した時の気持ちはどんなものだったのか。写真に写る兵士、証言で語られた兵士たちのことをお墓の前に立って思いました。

国殤墓園の庭には様々な石像が置かれていました。レド公路を作るために石を砕く女性、その背中には赤ちゃんがおんぶされています。砕石を固めるためのローラーを引く人、そのローラーの実物も置かれていました。日本軍兵士を打ち据える石像もありました。公路の建設についてはこのように何度もいろいろな形で表現されています。もちろん人々の抗戦の志気は高かったことでしょう。でも、普段の生活を離れ、生業を措いて道路工事に従事しなければならないわけですから、負担は大きかったと思われます。抗戦が人々の生活に大きな影を落としたことは容易に想像できます。戦闘のみならず、このような労働、そして空襲、陣地構築の際の財産破壊など、日本軍の残した加害の爪痕は計り知れないと思いました。

国殤墓園も紀念館もあまりにも広く、受け取ったものもあまりにも多く、未消化の頭と心を抱えてホテルへ帰りました。

騰越に残る激戦の跡

翌日、守備隊が立てこもって激しい攻防が行われた英国領事館跡を訪ねました。

日本人にとって雲南ははるか西にあり、中国の奥地のように感じますが、大英帝国時代、インドを支配していたイギリスは、雲南を中国への入り口として、騰越西門の外に堂々たる領事館を立てました。日本軍の侵攻により１９４２年領事は撤退。騰越戦の中で米軍機17機の爆撃を受け、石葺の屋根が破壊されました。壁は火山岩で作られていて大変頑丈だったため、爆弾を跳ね返し、現在は壁のみが当時のままのもので、他は復元されたものです。外壁には弾痕があちこちに残っていて、銃撃戦の激しさを物語っていました。

次に慰安所として使われた啓聖宮を訪ねました。

建物の外には池がありました。日本軍は敗北の際、この池に「慰安婦」を投げ込んだといいます。騰越戦終了後に撮られた写真の中に、多くの兵士に混じって女性の遺体も載っていました。おそらく「慰安婦」と思われます。砲爆撃で殺害されるか、池に投げ込まれるか、どちらにしても故郷を離れて無残な最期を迎えねばならなかったのです。

啓聖宮を出てバスで来鳳山に向かいます。山頂近くでバスを降りて山道に分け入ります。ここにも松山陣地と同じ、塹壕がここかしこに残っていました。この辺りに中国軍の陣地、そして日本軍陣地はこちら側ですと言われて見ると、彼我の距離は十数メートルほど。至近距離といっていい位です。

戦記を読むと、白兵戦のことが度々出てきます。壕の中に中国兵が飛び込んできたと思って撃ったら、友軍の初年兵だったとか、殺害した相手をおそるおそる触ってみたら中国兵だったの

英国領事館跡の壁に残る弾痕

で「ほっとした」とか。古山高麗雄によると雲南の夜は目の前に置いた手も見えないくらいだということです。照明弾が上がっているときは昼間のようになりますが、あとは漆黒の闇、その中での白兵戦、困難という言葉では表しきれない、もう無茶苦茶な戦闘が行われたのです。現地に立ち、右側、あちらが中国軍陣地、左側、こちらが日本軍陣地ということを目で見て、足で踏んで確認し、兵士たちの状況に迫りたいと思いました。

帰るために集合している時、雨が降り出しました。今回雨季にもかかわらず、覚悟していたのに雨がほとんど降りませんでした。歩いて回るのには助かりましたが、でも濡れそぼって（雨に打たれると傷口の血が止まらず、出血で死んでしまうそうです）、泥濘の中で戦った人たちのことを想うのは、晴れた中ではやはり難しいと勝手なことを考えていましたので、帰る間際のこの雨は、やっと降ってくれたと、空から落ちて来る雨粒を迎えたい気持ちになりました。

雨は木々の葉を濡らし、土を濡らし、落ち葉、石畳を濡らしてしとしとしとしと降ってきます。目を上の方に向けると山林にも煙るように降っています。斜面の松の幹に身を寄せると、木肌は水を吸ってしっとりと濡れていました。私たちが来る前にも、雨は降っていたのでしょう。

雨はしとしとばかりではなく、バケツをひっくり返したように降る時もあったといいます。兵士たちは何日も何カ月もこの雨に打たれて戦うしかなかったのです。

市内に戻ると雨はやみ、真昼の日差しが戻ってきました。棕櫚、楠、銀杏、楓が緑の葉を茂らせ、街路樹が濃い影を落とす中、カンナの赤い花が咲いていました。

バスで空港へ向かい、離陸し雲南を離れました。

飛行機の窓から、怒江はどれかと見下ろし、それらしい茶色の河の流れにカメラを向けましたが、あっという間に消えてしまい、写せませんでした。気を取り直し、四苦八苦しながら、うねうねと連なる山道を撮影しました。多分ビルマルートなのでしょう。

遠藤美幸さんの本から学ぶ

今回の旅は、遠藤美幸さんから沢山のことを教えられました。遠藤さんは雲南戦に参加した人々を訪ねて話を聞き、手記を読み、靖国神社や戦友会にも足を運び、著書『「戦場体験」を受け継ぐということ』にまとめました。

遠藤さんは長年雲南戦の元参謀黍野弘さんの仕事も無償で手伝い、ある時、断作戦（ビルマルートの遮断と拉孟、騰越守備隊の救出）が本当に成功するのかと思い切って尋ねます。黍野さんは「成功するなんて誰も思っていなかった」と答えました。参謀が、自ら立案した作戦が本当は成算がないと分かっていたと認めるのは、普通はあり得ないことです。遠藤さんが私心を離れて寄り添ったことが黍野さんの心を開かせ、日本軍の無責任体制を明るみに出す貴重な証言を引き出したと言えます。

また遠藤さんは元兵士たちの、凄惨な戦闘の中、勝利どころか撤退することもできず、雨の中で泥と血と糞尿にまみれ、戦友の死にも無感覚になり、食べること、眠ること、敵を殺すことだけを考えていた姿を通じ、戦場の実相を描いています。

将兵の苦難、苦闘から学び始めた遠藤さんですが、やがてその加害性に気づき、侵略した側、された側双方の甚大な被害を知ることになります。戦場体験者に囲まれて育った私より一世代若い遠藤さんは、私ができなかった、戦争についてほとんど先入観のない姿勢で学ぶ仕事を通じて、戦場体験を受け継ぐという課題に新しい視点を提示しておられます。

雲南戦を学んで

中国から帰ってからも、雲南戦のことは頭から離れず、大阪駅の雑踏の中で出勤中のサラリーマンとすれ違った時など、この人たちもあの時代に生きていればあのような兵士の運命をたどるのだろうかとか、中高校生に会うと、抗日の少年兵はこんな年頃だったのだとか、自分の中の時間が行ったり来たりする感覚がありました。

また、何かいいことがあると、戦闘中はこんなことはできなかったんだなと思ったりし、これって昔の人がよく言っていたことだと気付いたりしました。

映画を見ても、すぐ雲南戦を重ねてしまいます。ジャン・ユンカーマン監督の『うりずんの雨』(2015年)に、沖縄戦に参加した元米軍兵士が、戦艦で前線に向かう途中、沖縄がどこにあるのか知らなかった、パールハーバーがどこか知らなかった、死傷者が出ることは分かっていた、もう慣れていたと回顧する場面がありました。兵士の気持ちというのはこういうものだったのか、古山高麗雄と同じだな、と思いました。古山はたびたび自分たちがどういう状況にあるのか分からないと書いています。いつか死ぬのだろうとも。

またこうの史代さん原作のアニメ作品『この世界の片隅に』(2016年)の最後近く、不発弾で右手を吹き飛ばされ九死に一生を得た主人公のすずが、玉音放送を聞いて日本の敗戦を知り、「まだ左手も両足も残っとるのに納得出来ん」と憤る場面がありました。兵士でもないすずがそんなことを言うなんてと意外な気がしましたが、思い当たることがありました。1944年8月23日、全滅2週間前の拉孟で、金光守備隊長は「守兵は片手、片足のもの大部なるも、全力を奮って死守敢闘該線を確保しあり」と司令部に打電しています。その言葉を採った新聞の見出しがありました。「皇軍の精華　拉孟・騰越両守備部隊数十倍の敵を撃砕し　全員壮烈なる戦死　滇緬公路の打通許さず　隻眼隻手の将兵も立つ　阿修羅の奮戦　孤塁守る百日」と書いてありました。片目片手でも戦うのだと当時の若者は思ったのでしょう。こうのさんの取材力、構想力に驚きます。

また、この場面は漫画にはなかったはずと思い見直してみると、ちゃんと原作にも描かれていました。漫画を読んだときはこの言葉は心に残らなかったのです。雲南戦を学んだからアニメのすずの言葉にはっとしたのでしょう。

雲南戦を学び、現地に立つことで、戦争の歴史が、単なる言葉、文章から育っていって、「エンショウビルマルート」という言葉一つとっても、それを作った人たち、守ろうとした、取り返そうとした兵士たちの息遣い、笑い声、喚声、嘆きうめく声、流す汗、飛び散る血とともに理解され、肉付けされていき、戦争を重層的に理解することに近づいたと思います。フィールドワークを内在化するというのはこういうことなのかもしれません。また、学び、感じ考えたことは、植物でいうなら毛根が樹木を支えるように、人の反戦の意志を育てていってくれるのではないかと今回も思いました。

徐州戦

日中戦争の中でもとりわけ有名な徐州戦を学ぶ旅です。今回も載国偉さんが下見をし、旅程を組み同行して下さいました。

徐州戦については個人的に苦い思い出があります。同僚であった尊敬する先輩の先生と、皆で食事をする機会があった時のことです。先生の戦争体験に話が及び、徐州に行きましたと言われました。そして戦時中の流行歌「麦と兵隊」の一節「徐州、徐州と人馬は進む」を口ずさまれたのです。まだ若かった私はそれでいっぺんに引いてしまいました。ああ、この先生も戦争を懐かしむお年寄りの一人なのだと。

本当に浅はかでした。その時、参加された戦いについてお聞きしていたら、戦場体験を、そしてそれを踏まえた現在の心境を語っていただけたのではないか、もう亡くなってしまった先生とのその時の会話を思い出すたび、申し訳なかったと思わずにはいられません。今回徐州への旅が決まり、先生へのお詫びを兼ねて徐州を学び直しました。というより一から学んだという方が正しいかもしれません。

徐州市は華北平原の東南部に位置し、周囲を丘陵に囲まれた要害の地で、古くから「項羽と劉邦」や「三国志」の戦いの舞台になりました。近代には天津と南京の浦口を南北に繋ぐ津浦線と、海州と蘭州を東西に繋ぐ朧海線とが交わる交通の要衝となりました。日中戦争が始まり南京を陥落させた日本は、暫くは持久作戦を採り支配地の拡大を控えていましたが、軍部の要求に押され、この要衝を手に入れ、黄河を挟んで分かれる北部と中部の占領地とをつなぎ、合わせて中国軍大部隊のせん滅を図ろうと徐州作戦を発動しました。日本軍20万人、中国軍50万人以上が投入された大作戦です。中国側は頑強に抵抗し、台児荘の戦いをはじめとして日本軍を悩ませましたが、次第に押されて撤退し、最後は黄河の堤防を決壊させて日本軍の進路を塞ぎました。徐州を手に入れた日本軍は次に武漢作戦を発動、更に泥沼にはまっていきます。徐州はまた内戦期の三大戦役の一つ、淮海戦役の舞台ともなりました。

徐州までは高速道路を走ります。バスの窓からはトウモロコシと大豆畑が延々と広がるのが見えました。細菌戦の中には、このような豊かな穀倉を汚染し戦う力を削ごうとするものもあったといいます。

やってくる日本兵は住民にとって恐ろしい集団だったことでしょう。従軍記にみる兵士たちはたびたび村の畑から野菜を採り、家畜を捕まえて調理しています。まるでピクニックに行ってツクシや川魚を採るように。日本兵は抵抗されれば少なくとも殴打は見舞ったことでしょう。少しの反抗に対しても怒り、殺し、焼き払うことは日常だった部隊もあります。

1938年5月、徐州戦さなかに写された一枚の写真に「一杯の水」というのがあり、「行軍につぐ行軍、炎熱に咽喉はからから。部落民の差し出す碗の水」というキャプションがついています。何か不自然なのでよく見ると、女性、子ども、お年寄りの姿がないのです。水を差し出しているのは壮年の男性たちです。こういう時普通女性が出すでしょう（ジェンダーバイアスですが、当時のことですので）。日本軍の接近を知って女子ども年寄りを逃がし、男たちで対応し、うまくゆけば遊撃隊に通報して反撃に立ち上がる村人たちは多くいました。このような民衆の抵抗に勝てるわけがないということに気付かない、当時の日本軍の視点が写真に表れているように思いました。

日本軍を恐れ、また時には面従腹背の住民に向き合う日本軍兵士もまた、辛い行軍を強いられました。いろいろな従軍記には、汗みずくの上に、舞い上がる黄土にまみれ、黄な粉団子のようになって炎天下を行軍する兵士のことがたびたび出てきます。侵略される側はもちろん、侵略する側にとっても戦争は末端の人間を苦しめます。このようなことをつらつら考えながら、かつての兵士たちが何日もかけて辛苦しながら歩いた道を、私たちはバスに乗り、ほんの数時間で徐州に入りました。

宿泊は1916年創建の花園飯店、国民党の要人も泊まったホテルで、古いので設備はそれほどよくはないけれど、歴史的建造物なのでここに決めましたと戴さんが言われました。設備なんかどうでもいいです、とは私の心の声。徐州1日目から歴史的空間に浸りました。

台児荘

徐州市の北東、山東省にある台児荘へ出発です。国民党軍が徐州防衛の最前線とした場所です。台児荘は司令官李宗仁のもと、優秀な装備を持つ湯恩伯軍10万も集結、住民を避難させ要塞化していました。台児荘に派遣された日本軍は多くの死傷者を出し、救援に向かった軍も命令で反転し、全滅を恐れた台児荘攻撃部隊は独断で戦場を離脱しました。中国側は大勝利を宣伝、中国正規軍が日本軍を破ったとのニュースは世界を駆け巡りました。この戦いにより、中国軍大部隊の存在を知った日本軍はその包囲せん滅を図り、徐州作戦を発動します。

道は真っすぐ真っすぐ続き、ところどころ左右に脇道があり水路も見えます。アスファルトの道なのに、前を走る大型トラックは土ぼこりを巻き上げていきます。

台児荘での最初の見学先は李宗仁史料館。元は棗荘の石炭を運ぶための駅の建物で、戦争中破壊され、１９９３年復元されました。

李宗仁は広西省生まれの軍人、軍閥割拠の頃、広西省を統一し統治、北伐に参加したものの蔣介石と対立、広西省に広州国民政府ができると参加、抗日戦争での台児荘の戦いで日本軍に打撃を与えました。１９４８年中華民国副総統、のちに総統になりますが、中華人民共和国成立後アメリカに亡命、その後１９６５年帰国し歓迎を受け、北京で亡くなりました。

李宗仁は国民政府軍の将軍ですが、現在の中国で大変尊敬されている人です。北伐で統一を果たした蔣介石は好き嫌いが激しく、以前からのいきさつもあり、雲南軍、四川軍、広西軍に対し、給与も武器も少ししか与えませんでした。台児荘防衛戦の際、李宗仁は蔣介石から冷遇されているその寄せ集め部隊を引き受け、それぞれの司令官と腹を割って話し、味方につけました。人間らしく扱われたそれぞれの軍は李宗仁の恩に感謝し、彼のために戦うようになりました。李宗仁は毎朝馬に乗り、皆のところに食事に来て、言葉ではなく態度で「私はここにいる、安心しろ」と将兵を励ましたそうです。そして台児荘の戦いで日本軍を撤退に追い込み、その名を高めました。破壊された台児荘駅の看板の前で撮られた写真は、アメリカのライフ誌に載りました。

李宗仁が掲げた「焦土となっても闘う」というスローガン

　戦後、バンドン会議で周恩来が行った演説の中の「国を愛すれば家族」という言葉に感銘を受け、秘書の手引きで香港で密会、旅行するふりをして帰国しました。「李宗仁先生は生涯で人民のために二つのいいことをした。一つは台児荘、もう一つは帰ってきたこと」というのは、周恩来の言葉。

紀念館入口には、毛沢東の書いた「共産党はあなたを忘れない」の文字が掲げられ、毛沢東と握手している写真や、周恩来が自ら出迎えた写真が展示されていました。一方台湾は彼を売国奴、裏切り者として国民党から除名しました。

帰国したあと、彼の妻は亡くなり、看護婦（当時）胡友松が彼の身の回りの世話役となりました。のちに彼女は李の3番目の妻となりました。彼女は映画女優胡蝶の娘といわれます。胡蝶はかつての大スター、その娘が李宗仁のお世話役に選ばれたのは、偶然ではないでしょう。李の没後、胡友松は駅横の宿舎に住みました。今も保存されていますが瀟洒な建物で、一種の政略結婚をさせられた人へのせめてもの「代償」なのかもしれません。

私たち一行を乗せたバスは水郷地帯に入りました。かつての町並みは戦禍で破壊されましたが、復元され「中華古水城、英雄台児荘」と銘打ってテーマパークになっています。街角には昔の散髪屋や胡弓弾き、靴直し職人、ポストに投函する子どもと老人、銃を持って座る兵士の像などが置かれ、清代から近代の様子がうかがえるようになっています。そんな街のあちこちに、戦争の跡が残されていました。

手りゅう弾をお腹に巻き、戦車壕に突っ込む用意をしている二人の若い兵士の等身大写真が建物の壁面にありました。ロバート・キャパが撮ったものです。「顔省吾営長　挽腸血戦処」と書

二人の兵士の写真

銃弾跡が残る建物

かれたところでは、街中のまさにこの場所で「顔省吾という隊長が負傷し、はみ出した腸を押さえながら指揮を執った」と説明書きにありました。「太平巷戦旧址」は、ここでの壁一枚の奪い合いの激戦について、のこぎりを押したり引いたりするように敵味方が戦ったために「のこぎり戦の攻防」と言われたとありました。沢山の無残な戦い跡でした。

近くのイスラム教寺院も訪ねました。台児荘の戦いの遺存建築の一つで、北講堂の面には無数の弾痕が残っていました。

古城は意外に広く、見学は予想以上に時間がかかりました。結局訪ねる予定だった台児荘紀念館は時間が無くなり、名残を惜しみつつ帰路につきました。

淮海戦役紀念館

翌日は、淮海戦役記念館を見学。淮海戦役は東北での遼瀋戦役、華北での平津戦役と並ぶ、内戦時の三大戦役の一つで、１９４８年11月から１９４９年1月まで行われました。徐州はやはり戦いの中心となり、蔣介石は80万人の兵力を動員、60万人の共産党軍と激突しました。戦いは共産党軍の勝利に終わり、徐州は解放、この勝利により、共産党は長江以北を支配下に収め、長江を渡河し、当時中華民国の政治的中心であった南京を手中にしました。南京が解放されると、経済的中心地である上海は眼の前、国民党は海外へ逃げるしかなくなりました。

淮海戦役紀念館は徐州に来る中国人が必ず訪れる場所で、日本とは関係ないが中国人になった気で参観してほしいと戴さんは言われました。

淮海戦役には日本人でありながら解放軍に協力し戦死した兵士もおり、生き延び帰国した人の中には、国慶節に招待された人もいるそうです。日本の敗戦後、技術兵、飛行機整備士、大砲整備士などが中国軍に使われました。特に東北地方に多く、閻錫山の軍隊では1000人位が使われました。その人たちを追った映画「蟻の兵隊」（2006年）が有名ですが、淮海戦役でも日本人が加わったと初めて知りました。戴さんは「そういう人たちのおまいりもして下さい」と言われました。

以前「むすぶ会」では訪中時、日本兵の戦死者のことを話すのはタブーのような雰囲気がありました。侵略した側が現地で、被害者のいるところで、加害者である日本軍兵士を追悼するのはいくら何でも許されないという思いが、暗黙の了解のように団員の中にありました。でも戴さんにも長年のお付き合いの中で変化が起きたようです。昨年の雲南では、戴さんは日本兵に対する追悼行為は絶対にしないでくださいと言われました。でもそれは雲南の人々の感情に配慮してのことで、戴さん個人は、侵略された側でありながら、内戦での日本人の死者に対して悼む気持ちを表して下さいました。

中国の多くの戦争紀念館と同じく淮海戦役紀念館も入口から大きく、中に入るとピストルや小銃を構える兵士群像が立ち並んでいました。兵士だけではなく、周囲には、もっこを担いだり、丸太を引いたりする民衆の群像、また若い兵士と娘の見つめ合う像もありました。壁画・ジオラマ・彫像・照明・音響で、内戦の中の最大の戦いを表しています。

橋のない川を渡るため、10人の兵士が川に入り、肩で板を担ぎ、仲間を歩かせている様子、戦車同士の戦いなどがジオラマとなって部屋いっぱいに展示されていました。

内戦勃発時と一年後の彼我の形勢を比較した表、各戦闘の模様を詳しく図示した地図、双方の軍人の写真などのほかに、投降を呼びかけたり、それに応えたりしたことの説明もありました。投降したら「生命安全を保証し人格を尊重する」と書いた横断幕の写真もありました。寝返った軍人や寝返りを勧めた人も、ある意味では内戦の勝利に貢献したということになります。しかしそれにもかかわらず彼らは文化大革命時に批判されたそうです。

館内には旗を持った団体客や子ども連れの人たちも沢山いて、「徐州に来たらここに来なければ」と戴さんが言われたとおり、必見の場所になっているということが分かりました。

閻窩村惨案

午後は銅山県張集鎮閻窩村へと向かいました。日本の侵略と言えばもちろん「南京事件」が最も有名で、それだからこそ侵略を否定したい人たちは「南京」をあいまいなものにするために躍起となっていますが、「南京事件」は日本の中国侵略の象徴的な事件で、中国全土には中「南京」、小「南京」は無数にあるといいます。閻窩村惨案はその一つと言えます。でも日本ではこの出来事は全く知られていません。

村までの行路、道はどんどん細くなりこれ以上は入れないというところでバスを降り、残りの20分ほどは徒歩で行くことになりました。

行きの道はこの先に何があるのだろうという緊張感があり、高齢の方々が多いので無事行きつけるだろうかと心配もしながら、それでも初めて歩く徐州の田舎道、かつての兵士もこのような道を歩いたのだろうかと思いながら戴さんについて行きました。

徐州の道というとまず土ぼこり。戦記には必ずと言っていいほど出てきます。乾いているときは舞い上がって息を詰まらせ、雨が降ると泥濘となって足を取られ、兵士たちを苦しめた土ぼこりです。でも朝雨が降ったので地面は適度に潤い、小砂利が敷いてあるので多少の水溜まりはあっても普通に歩けました。道は真っすぐに伸び、両側はずっと遠くまで耕されていて、稲は穂を付け、時おり吹いて来る風には稲の匂いが混じります。

村の人たちは、家の前に椅子を出して坐りおしゃべりをしながら、ぞろぞろと通りすぎる私たちを眺めます。「你好《ニーハオ》」と言うと皆さんから笑顔が返ってくるのはありがたいことでした。

二度ほどカーブを曲がり、目指す追悼碑に着きました。丸い広場の入口に門柱があり、「不忘民族恨　牢記階級仇」と書いてあります。正面に殺害された人たちが埋葬された直径3メートルくらいの半円のお墓があります。犠牲者は、徐州から避難した人、兵士、住民が3分の1ずつと

閻窩村惨案の紀念碑の前で

のことでした。現地の人たちからの伝聞、証言を集めているが、一人ひとり証言は異なるそうです。中国でも場所によって、惨案の調査・記録が進んでいるところとそうではないところがあるようです。閻窩村の調査はまだこれからなのかもしれません。

お墓の前に「閻窩惨案死難同胞紀念碑」と刻まれた碑が立っています。設立は1971年、裏には「盧溝橋事件以後、蔣介石が不抵抗主義を採り、狼を引き入れた」に始まり、「1938年5月20日朝、1000余名の日本軍が飛行機の援護下、閻窩村にやって来た。…午後、武器を持たない670余名の人びとを焼き殺し閻窩惨案をつくり出した…」と書かれていました。碑の前で黙禱を捧げました。

立ち去り難く、暫く碑の周りを歩き、門を出て振り返ると、雨に洗われた木立を透かして陽の光があふれ、セミが鳴いていました。のどかな村の一角に置かれたお墓と追悼碑ですが、この場所、その土の上に立ち、その場の空気に触れ、ここが村人や行政によって大切にされているのを見れば、充分な調査、記録はまだにせよ、どんな規模のものにせよ、この村で日本軍が残虐な行為をしたことは事実であることは納得できました。

ぐずぐずしていたために、皆さんに追いついた時、村の女性が三輪車に乗るように勧めてくださっているところでした。暑い中、高齢者の多い団体を気遣ってのことでしょう。私たちにとって渡りに船の気分、三輪車ももう日本では見かけることが無くなったレトロなもの、いいのかしらなどとちょっとためらいながら皆さん2台の車にてんこ盛りになって出発。よたよたと走る様子に大丈夫かなと心配して見ていたら、案の定すぐに1台が重量オーバーでストップ、一人降りなければならなくなりました。乗り遅れた私はあぶれ組の方たちと徒歩で元の道を戻りました。

碑文の状況を思い浮かべながら歩く帰りの道は、忘れがたいものとなりました。二度目に挨拶する村の人たちの笑顔に、犠牲者の顔が重なります。私と近い世代の人たちが、この人たちのご先祖さまにひどいことをしたのだ、本などで知る、日本軍が○○人殺害したという表現だけでは伝わってこなかった、想像しきれなかった、ほとんどじかに感じられるような痛みを抱えながら歩きました。

村へ通じる道は何本あるのかは分かりませんでしたが、今歩いているこの道もやはり日本軍が通ったに違いない、恐怖に駆られた村人が走って逃げた道かもしれない、今は何ごともなく続くこの道に、沢山の憎しみ、恐怖、絶望が満ちていたことだろうと思われました。

行く手を横切って燕が鳴き交わしながら飛びます。電線や家の梁にもとまっています。この燕たちの80代ほど前の燕は、惨劇を目撃したのかもしれない、破壊された村、人々の嘆きの間を飛んでいたのだろうと、埒もないことと思いつつ考えてしまいました。道の両側を囲む高いポプラ並木、道の傍らの池に咲く白い蓮、青空を背景にどこまでも続く緑の田畑、遠くに見える木立、風景はとてもとても美しく、それだけに一層ここで行われたであろう出来事のむごさが身に迫りました。

あと少しでバスに着くというところで、向こうからやってきた三輪車の女性が私たちを拾って下さいました。先の一団を送ってから引き返して来られたようです。おかげで僅かの時間でしたが、野道をガタゴト揺られていく体験もできました。女性は謝礼を固辞し、笑顔で一緒に写真に納まって下さいました。仕事の途中なのに、闖入した日本人に対し無償で、しかもあとで聞くと、1台は最後にパンクするという「犠牲」を払って好意を示して下さる中国の普通の人たち、このような人たちのことを知ってほしいとつくづく思いました。

中国「慰安婦」問題研究センター再訪

帰国前日、徐州駅から高速鉄道で上海へ向かいます。ホームに向かう高架を歩いているとき、

朝鮮（左）と中国（右）の少女像

壁面に漫画が描かれていました。豊子愷のだったら嬉しいなと思って通り過ぎざま何とか撮影しました。車中で戴さんに聞くと「豊子愷」ですとのこと。再会した気持ちでした。彼のことは後ほど。

上海では「中国「慰安婦」問題研究センター」（以下センター）を再訪しました。構内は大きく育った木々の緑が美しく、木立ちの陰に「少女像」が坐っていました。ソウルの日本大使館前にあるものと同じです。ここでは三つ編みで短い上着にズボンをはいた中国の少女が並んで座っていました。朝鮮人少女の後ろには黒い石で延びる影を表現し、影の胸に当たるところには一羽の白い蝶が嵌め込まれていまし

センターの入り口に展示されていた被害女性たちの写真

た。中国人少女の後ろには足跡が点々とあり、彼女が隣の椅子にやって来て座ったという感じのデザインでした。

2階にある博物館には、これまでに集めた沢山の資料、性暴力の被害女性たちからの寄贈の品々などが展示されています。入ってすぐ右のパネルには万愛花さん、李蓮春さんなど中国人女性たちと並び、金学順さん、朴永心さんたち韓国・朝鮮人女性たちの写真もありました。

「制度」「実施」「拡大」「索賠（審判と罪責）」「調査（現状と館内）」のテーマ順でパネルなどが並べられ、山西省、南京、松山戦役（雲南省）、台湾、フィリピン、インドネシア、香港での被害についても詳しく展示されており、沖縄についても、一枚だけでしたが戦後の米兵関連の慰安所の写真がありました。

女性たちの日用品、ランプ、油壺、糸繰り器、鎌、茶碗、ココナツの殻のお椀、急須、小さな木の椅子、箒、ステッキ、薬壺、帽子、入歯、櫛、化粧箱、虫めがねなどが展示されていました。とりわけ手作りの靴底、刺繡入りの布靴などは、苦難の日々を体験して生き延びた被害女性は、また普通の日常を生きていたということを訴えかけるようでした。その多くはかなり傷んでいましたが、博物館は女性たちのゆかりの物を大切に残そうとしていることが伝わってきました。

中国全土の慰安所分布を家のかたちで示した地図もありました。中国全土で1000カ所ほどあり、上海だけでも149カ所あったということです。100万人を超える日本軍兵士が中国（東北地方を除く）に展開し、部隊の行く先々で慰安所を設けました。女性一人に兵士何人という具合に割り出して設置する周到さです。女性は必須の軍需品でした。人間ではなく物だったということです。

四行倉庫

博物館の次に、閘北にある四行倉庫に向かいました。4つのローカル銀行が共同でつくった倉庫なのでこの名があります。1937年の第二次上海事変の際、中国軍は必死で抵抗したものの、日本軍に圧倒され撤退を余儀なくされます。撤退援護を命じられたのが、四行倉庫に司令部を置いていた第88師団の謝晋元率いる守備隊でした。彼らは倉庫に立てこもり、10月26日から11月1日まで戦い、しんがりの任務を全うしました。守備隊は初め８００人いたと伝えられたことから「８００壮士」と呼ばれました。

遅い到着となり紀念館は見学できなかったのですが、裏に回ると四行倉庫の激戦を物語る砲弾跡も生々しい壁面が見えてきました。高さは約25メートル、幅は50メートルはあろうかという大壁面です。上部には「四行信託部上海□部倉庫」と大きく書いてあります。

倉庫は欧米の共同租界の境界である蘇州河に面しているため、空爆や艦砲射撃によって共同租界が破壊された場合の国際的非難を恐れ、西側からしか砲撃できませんでした。大変頑丈に造られていたので砲撃は壁を打ち破れませんでしたが、それでも約60×80センチの区画に3から8発の砲弾跡が残っており、すさまじい砲撃の様子を想像することができました。

守備隊が倉庫にこもって戦い続けているということはラジオを通じて伝わり、市民は蘇州河の対岸に集まって兵士たちを励ましました。寄付された援助物資は密かに倉庫に届けられ、また一人の少女は「青天白日旗」を体に巻き付け、蘇州河を泳ぎ渡って兵士に届けました。旗は倉庫の屋上に翻り、河岸に集まった3万人の市民は「中華民国万歳」と歓声を上げたといいます。戦いは、租界への被害を恐れる欧米の申し入れもあって停戦となり、蔣介石の命により兵士たちはイギリス租界に撤退、隔離されました。この戦いは、毛沢東より「中華民族の魂」との表彰の声明が出され、新華日報に掲載されました。戦いの英雄、指揮官の謝晋元はその後、汪兆銘の刺客に

四行倉庫の破壊された壁面

よって兵営で暗殺され、市民に盛大に見送られましたが、文革時その墓は荒らされたといいます。また、「800壮士」の生き残りの人たちも迫害を受けたといいます。

2年ほど前まであまり知られていなかったそうで、中国の歴史の見直しがどんどん進んでいることが分かります。もちろん台湾側は喜び、台湾の戦史資料館より資料を貸し出し展示しているそうです。

倉庫の横、兵舎があったところは「晋元広場」と名付けられ、石碑も据えられていました。台湾から来たという女性が熱心に見て回り、話しかけても来られました。日本人が興味関心を持ってくれるのは嬉しいという気持ちが笑顔に表れていました。

豊子愷のこと

豊子愷のことを知る日本人は少ないです。こんなことを書いている私もこの歳まで全く知りませんでした。この人を知ったことで、日中戦争、内戦、文革の時代への理解を少し深めさせられただけでなく、かつての中国の市民の暮らしを豊かに知ることができました。

豊と初めて出会ったのは雲南です。滇西抗戦紀念館を訪ね、その膨大な展示量に圧倒されて出口近くまでたどり着いた時、壁に掛けられた絵を見ました。多くは1940年代の抗日戦争期に描かれたもので、抗日精神を鼓舞するというよりは、戦争を厭い、平和を願うという気持ちが表れていて、心に残りました。絵にはサインがありましたが、その時は彼のことは全く知らず、当時の報告書には「豐子（りっしんべんに山に己）という人の作品で」などといい加減なことを書いてしまいました。

その後のある日、図書館で書名に惹かれ、『日本の侵略、中国の抵抗　漫画に見る日中戦争時代』という本を手に取り、開いてみるとそこは偶然にもちょうど豊について触れられた頁でした。ちょっと驚きました。そこで初めて彼の名前を正確に知りました。

紹介されていたのは、一発の爆弾が落下していて、その下には聾学校があるという、「轟炸四」という題名の漫画でした。著者は、爆弾がさく裂した後の悲惨な状況を直接描くのではなく、それを想像させる絵であると評していました。この本によって遅まきながら豊という人は有名なんだと知ることになったのです。

さらに、この訪中の少し前、新聞で彼についての記事を見つけました。記事には「ＫＩＳＳ」という絵が添えられていました。母親が赤ちゃんを抱き、頬ずりをしている、そのそばの柳の木から枝が垂れ下がり、川面にＫＩＳＳをしているというほのぼのとした絵で、とても好もしいものでした。というわけで私は雲南での出会いから約1年かけ、豊へとだんだんと近づいていきました。そして今回、徐州駅の高架橋で大きなパネルになっている彼の絵を見、4度目の出会いとなったのです。

豊は画家、音楽家、教育者、翻訳家など沢山の言葉で形容される、今でいえばマルチタレントと言える人です。豊について調べるに当たっては、楊暁文さんという若手の研究者の本に大変お世話になりました。楊さんは日本に留学し、神戸大学で豊を研究した人です。彼は神戸に住んでいたので、私は街のどこかですれ違っていたかもしれません。仏教に帰依した豊は「縁」を大事にし、彼の設計になる家は「縁縁堂」と名付けられています。豊のことをここに書くに至った彼との出会い、そして楊さんとの出会いはまさに縁ではないかと思えます。

楊さんは研究に当たって豊の全体像をつかめず、どこから始めればいいか悩んだそうです。それでも6カ月かけて彼の年譜をつくりました。

それによって豊のことを少しずつ分かってきたと書いていました。私も年譜を読まなければ、豊の仕事がどのようなものであったのか、さっぱり分からなかったと思います。楊さんの苦心の年譜を抜粋させてもらいます。

豊は1898年浙江省石門湾の生まれ、知識人であった父の塾で幼いころから学びましたが、豊が8歳の時、父は若くして亡くなりました。10歳の頃には図画練習に熱中し「小画家」と呼ばれるようになります。16歳の時、省立の師範学校に入学、翌年生涯の師李叔同（中国の芸術教育家、救国の道を求めて日本に留学、黒田清輝に師事、図画・音楽教師となり人材教育に尽力、のち出家）に出会い、絵画と音楽、日本語を学びます。

21歳で徐力民と結婚。23歳の時、日本へ私費留学し、西洋画とバイオリンを学びます。帰国後、中学校で図画と美術を教えつつ、漫画を描き始めます。27歳の時、同志と共に上海で中学校を開設、西洋画を教えます。29歳で仏教に帰依。第一次上海事変に際し「中国著作家抗日会」に参加、この間、女子中学校で図画と芸術論を教えたり、雑誌の編集長を務めるなど忙しい生活を送ります。翌年中学校に国民党勢力が及んだので辞職、自ら設計した「縁縁堂」でその後5年間、著述、描画、翻訳の仕事に専念します。

1936年、巴金、林語堂、茅盾、魯迅、謝冰心らと共に「文芸界同人為団結御侮与言論自由宣言」を発表。日中全面戦争勃発後、一家を連れて故郷を後にし、江西省、湖南省を経て貴州省にたどり着きます。1942年には抗日の拠点重慶へ行き、一時国立芸術専科学校の教授と教務主任を兼任することもありましたが、避難生活の中でも個展を開いたり著書を出版したり、旺盛な創作活動を行います。

日本降伏に際しては「百年笑口幾回開」という絵を描いて親類と友人に送りました。1948年5月上海解放の際、彼は絵を描いて心からの感激を表しました。7月、中華全国文芸界代表大会の代表に選ばれます。

新中国で活躍していた彼は68歳になっていた1966年、文化大革命の中で批判され、1974年に起こった「批林批孔運動」でも批判が波及しました。1975年9月、肺がんのために77年の生涯を閉じました。上海市文化局により彼の名誉が回復されるのはその3年後、1978年のことです。

彼は初めの頃は伝統的な中国画を描いていました。日本に留学した時、藤島武二に師事しますが、古本屋で偶然、竹下夢二の絵と出合います。一般に知られている美人画とは違う「簡略なタッチで描かれた毛筆スケッチ」を見て、暫く呆然とするほどの衝撃を受け、それ以後、夢二に倣って一場面で様々な情景を表す絵を書き始めます。それは独特の諧謔、時に抒情性を持ち、楊さんが書くようにまことに「ユニークで風格のある」絵で、「子愷漫画」と4文字で呼ばれるほど親しまれました。

「子愷漫画」の発見者は友人の朱自清です。朱は壁に貼っていた豊の絵を見て、自分が編集する本に発表しました。朱は「私たちはあなたの漫画にある詩趣が好きだ。作品がそれぞれ一首の短詩であり、核のある短詩である。あなたは詩の世界を絵に表し、私たちはオリーブを食べるように、いつまでもその味が残るのだ。」と称えています。

もっとも豊自身は、漫画の定義ははっきりしないと言い、「風刺画かというと、そうでもない、スケッチかというとそれもちがう。白黒の絵かというと、色があったって『漫画』とよべないわけじゃない。小さめの絵かというと、小さいからって必ずしも『漫画』ではない」と書いています。この文章にも表れているように、豊の書くものは子ども向けのものはもちろん、大人に向けたものも大変平易な分かりやすい文章です。

豐子愷　子どもへの眼差し

豐子愷の文章の題材の多くは、子どもに関わるものです。彼は女の子を筆頭に9人の子どもに恵まれました（うち2人は幼い時に亡くなりましたが）。彼の作品には度々その子どもたちが登場します。その描き方には子どもが可愛くてたまらないという彼の気持ちがそのまま表れています。子どもたちは決して品行方正ではなく、むしろ泣いたり笑ったり滑ったり転んだり、ふざけて暴れ回り、電球は壊すわ、ビンはひっくり返すわの大騒ぎの中でお手上げ状態の母親が描かれている「日曜日は母親の悩みの日」と題された絵もあるくらいです。でも彼の眼差しは、その子どもそのもの、掛け替えのないその時代を全面的に肯定しているのです。

豐は「わが子たちへ」という作品の中で、子どものオープンな心、何をするにも一生懸命に精一杯取り組むこと、毎日の遊びの中で自発的、想像的、創作的に生きていることをなによりもよしとして描いています。小さなわが子がお土産にもらった土人形を割ってしまった時、その「悲しみ泣き叫ぶ声は、大人の世界の破産や失恋、悲痛な出来事、両親との別れ、そして全軍が総崩れすることよりも切実だったよ」と書きました。

また子どもたちばかりではなく、小さな生き物、ひよこや猫、蜜蜂、おたまじゃくしなどについて書いた作品は、豐の優しさあふれる観察眼と表現によって、短い作品ながら深い印象を残します。子どもと小さな生き物（ひよこ）双方を描いた「父として」という作品を訳した吉川幸次郎は、訳者の言葉として「著者のお子さんに対する愛は異常のやうであり、また一般児童の生活にも、常に興味と同情を寄せている」と書き、彼を鈴木三重吉になぞらえています。その評を知った豊は「私は……『子供が好きである』ばかりでなく、自分自身が子供、今年49歳の子供である」と語っています。実際『一角札の冒険』という作品には、子どもがまことにまことに好む話を喜々として描いています。

一方で豊は「君たちの黄金時代には限りがあり、最後には現実が顕れてしまう。これは私が経験したことであり、大人の誰もが経験することなのである。子どもの頃、仲間たちの中にいた英雄や快男児は、一人また一人と小さく、大人しく、妥協し、折れていき、羊のように大人しくなってしまうのだ。私自身もそうである。……子どもたちよ、君たちの生活にあこがれる私は、君たちの黄金時代をこの本の中に永久に留めようとしているのだ。しかし、蜘蛛の糸にかかる花びらのように、春の名残を留めるに過ぎない」とも書いています。

豊は自分自身の中に、違う二つの人格を持っていることを自覚していました。「偽善的で、冷酷な、実利主義の老人」と「素直な、情に厚い、好奇心旺盛な、世故にたけない子供」の二人がいつも戦っていると書いています。そして大人はすべて前者であるとも言っています。自分自身を見つめる冷徹な目も持っていた彼は、大人の部分をできる限り抑え、子どもの心を生きようとしたのかもしれません。

豊子愷と日本

豊子愷は、翻訳家としても大きな業績を残しました。早くも日本からの帰国の船中で英文のツルゲーネフの『初恋』を訳し始めます。1950年、52歳の時ロシア語を学び始め、ロシア文学の紹介に努めました。もちろん日本文学の翻訳も晩年まで続け、その中国への紹介に大きく貢献しています。『源氏物語』『落窪物語』『竹取物語』『伊勢物語』などの古典、夏目漱石、石川啄木、徳富蘆花、中野重治の作品も翻訳しています。その優れた訳について、楊さんが面白いエピソードを紹介しています。中国で日本文学全集の翻訳企画が発表された時、皆が「我こそが○○を訳すのだ」「いや、それを訳すのは私の方がふさわしい」と大騒ぎになりました。ところが『源氏物語』に話が及ぶと皆が沈黙したそうです。誰もが豊以上の翻訳はできないと思ったからです。

また彼は文学作品のみならず、美術作品の紹介や理論に関する本も訳しています。その中には日本人が書いたものも沢山ありました。

豊と日本との関係を見ると、わずか10カ月足らずの日本留学は彼の人生に決定的な影響を与えたようです。そんな日本への愛着は大きかったのではないでしょうか。それゆえに日本の侵略は彼の心を大きく傷つけたと思います。

春風駘蕩という感じの彼の文章に影を落としているのは、日本の侵略です。

「ひまわりの種」という作品では、ユーモラスな文章の中にさりげなく中国の現実に対する不安が描かれています。ひまわりの種をかじるのが好きな中国人について豊は次のように考察します。ひまわりの種を食べるのは一番有効な暇つぶしの方法である、なぜなら、それは甘くもしょっぱくもないので食べ飽きない、小さいので沢山食べてもお腹が一杯にならない、殻をむく必要がある、これを発見した人は天才だ、これを楽しみ尽くせる中国人は暇つぶしという道において積極的な実行家である、統計を取ればひまわりの種を食べるのに中国人が費やした時間に驚くにちがいない、将来これが続いていけば、おそらく中国全体がひまわりの種をかじる音の中に消されていってしまうだろう……。書かれたのは１９３４年、すでに東北は奪われ、内戦が続いていた時期です。

彼が教師としての仕事や著作、翻訳を通じて芸術教育に力を入れたのは、芸術を通して救国を考えたからです。ちょうど魯迅が医業を捨て、文学で中国を救おうとしたように、豊は芸術を通して精神を陶冶し、平和を愛する心を育てようとしました。その彼の姿勢が良く表れている作品が『少年美術物語』です。でもこれを読んでいて、末尾に書かれた年月日が日中全面戦争勃発の前年、１９３６年であることを知り、何とも言えない気持ちになりました。

『少年美術物語』は、彼の子どもたちと思しき姉弟の視点で書かれています。出てくる父と母はもちろん彼と妻でしょう。美術教師らしい父親から、様々な絵の描き方、鑑賞の仕方などを子どもたちが聞いて実践もするという内容です。作品の中には自分自身のことも「豊子愷という人が書いた」などというかたちで紹介され、彼の悪戯っぽい書き方に笑わされました。全体を通して彼の他の作品と同じく、穏やかで文化的にも豊かな生活、現在のように物があふれているわけではありませんが、戦前の日本と同じく、様々な工夫をして生活を楽しむ子どもと大人たちの暮らしが描かれています。

特に清明節（日本のお彼岸のような日）の時の遠足の様子は本当に美しく、ちょっと長くなりますが、ここに紹介します。

「家々の軒下には見渡すかぎり、柳の枝がいっぱいに挿されていた。うららかな日差しに心地よい風がそよぎ、柳の枝はひとつなぎの緑の宝石のように、大通りの両側を縁取り、争うように道行く人にお辞儀をしている……木の上から四方を見渡すと、黄金色の菜の花畑、青々とした原っぱ、燃えるような桃の花、緑鮮やかな木々、それらをすっぽりと覆う青い空が、きらめく日の光に輝いて、なんて穏やかで幸福な春景色なのだろう。遠くの方までお墓があって、墓参りをしている人もいる。赤い薄紙がさわやかな風にはためいて、まわりの緑色にくっきりと映えている」

この風景が1年後、無残に破壊されてしまいます。

彼が『漫画日本侵華史』を描いていている時、日本軍が石門湾を空爆、１００人を超える死者を出しました。そのため彼は一家を引き連れ、ほぼ10年にわたる流浪の旅に出ることになります。彼が丹精込めてつくった「縁縁堂」は、日本軍の柳川部隊によって焼かれました。彼はのちに「縁縁堂を返せ」という文章を書いています。

また彼の画風は一時変化し、残酷とも思える絵柄が登場します。「抗戦到底万衆一心」「倭寇必敗」の字の横に、倒れた日本軍兵士を「共産党」と「国民党」と書かれた大きなげんこつが押さえつけている絵、日本軍人のお腹に大砲の弾が刺さっている絵などがあります。この時期の彼の苦衷を推し量ることができます。

また戦後も、帰郷のため5月から重慶で3カ月間船を待ち、結局車で出発、開封まで来た時、内戦のため鉄道で移動する国民党軍に鉢合わせ、半月後、鄭州に引き返し困っていたところ、彼を知る若者たちに助けられ、長江を下り、南京から汽車で上海へ、故郷に帰りついたのは9月でした。しかし廃墟となった縁縁堂を見て、翌日杭州へ新しい住居を求めて移動しなければなりませんでした。

豊子愷は日本によって沢山の苦労を強いられました。失ったものは計り知れないでしょう。けれども彼は終生日本への親しみを忘れませんでした。日中友好に尽くした内山完造の回想録『花甲録』には、戦後上海で一人書店を切り盛りしていた時の豊との思い出が記されています（内山書店については１０３ページ参照）。

以前、豊が内山書店から購入した『漱石全集』には、数冊欠本がありました。内山はあとでそのうちの1冊を見つけ豊に送りましたが、前に買った全集の値段が安すぎたからという手紙と共に、1冊分の10倍のお金が送られてきます。このお金は何だろうと内山はいぶかりますが、経済的に困っていた彼をさりげなく援助しようとする豊の心遣いだと気付きます。内山は日本軍が豊を悲惨な目にあわせたにもかかわらず、「そんなことは一言も云わないで私に対する先生の思いやりの行為、どう考えて見ても万人に一人もあることではないあの美しい行為」であると感激しました。

文化大革命の最中、身体を壊して療養している時も、『落窪物語』『竹取物語』『伊勢物語』や『草枕』を翻訳、最晩年にもプレゼントされた竹久夢二の自伝画集『出帆』を受け取り喜びました。一時期、あまりの日本のひどさに怒りにかられた豊ですが、生涯をかけて友好的な気持ちを持ち続けました。

平和教育者　豊子愷

豊子愷は日本軍だけではなく、自分の国からも迫害されました。70歳近くなった時、文革の中で「反革命のよこしまな画家」「反動的な学術権威」とされ、「審査」を受けさせられました。早朝、自己批判のために収容所に赴き、到着を報告しなければならない生活を続け、更に上海郊外の人民公社へ強制労働に連れ出されました。冷風と寒気の中、肺を患い入院、肺結核にもかかります。

けれども豊自身は、様々な批判を受けながらも超然たる態度でこれに当たり、夜明け前に起きて密かに好きな文筆活動をしたといいます。彼の心の内を今知ることはできません。どれほどの失意、憤懣が胸の内にあったことでしょうか。けれどもそれを周囲にぶつけることなく、淡々と受け入れ、自分がしたいこと、するべきことをし続けた豊は、彼自身が子どもたちや世の中に説き続けた考え、絵や音楽を通じ「美を愛する心を養」い、その「心情をもって生活に面し、世界に対すれば、生活は美しくなり、世の中は平和になろう。これこそ芸術の最大の効用なのである」を体現したと言えます。

現在教育において、図画工作や音楽はどれほど重んじられているでしょうか。英語・数学・国語・理科・社会が「主要教科」、その他は「副教科」とさえ呼ばれています。教育において芸術が果たす役割、それは「人格の陶冶」、ひいては平和な世の中の建設へとつながります。その意味で「中国芸術教育の新紀元を切り開こう」とした豊は、優れた平和教育者であったと言えます。「道徳」の教科化で今の世の中が何とかなるなどと思っている人たちに、豊のことを知って下さいと言いたいです。

豊のような人に心を込めて育てられた子どもたちは、成長し、そばを離れたのちも父親を慕ったことでしょう。子どもたちは文革のさなか、自分への迫害もさることながら、それ以上に父親のことで胸を痛めたのではないでしょうか。父親が人生で築き上げてきたものをすべて否定され、名誉を奪われ下放され、ついには死に至る病に罹る姿を目の当たりにし、あらがえない大きな力に対し怒り、どんなにか嘆いたことでしょう。のちに名誉回復されたとはいえ、その時のことは子として生涯忘れられない心の痛みとなって残ったはずです。

当時日本で文革の報道に接し、ある意味、理想社会建設の実験のように受けとめていた自分の無知さ加減、想像力の欠如を今回特に痛切に思い知りました。豐とその家族の苦難を知るにつれ、「若者はバカ者だ」と自分の過去に叫びたい気持ちです。

中国を旅するようになり、日本軍の加害ばかりでなく沢山の「中国について」を知ることになりました。今まで豐を知らなかった、聞いたこともなかったという、このような偏った知識で生きてきたことがもったいなく、残念です。

吉川幸次郎は『縁縁堂随筆』に「豐子愷氏を、私は現代支那（ママ）における最も芸術家らしい芸術家だと思ふ。それは氏が多才多芸であつて、ピアノをひき、漫画を描き、随筆に工だからではない。私は著者のいかにも芸術家らしい真率さを、万物に対する豊かな愛を、更にまたその気品を、気骨を、愛するからである。現代において陶淵明的な、また王維的な人格を捜すならば、まづ著者であらう」と書いています。

書かれたのは1940年、大陸では日中両軍が戦っていたときです。吉川のように、中国の古典のみならず、中国の現代（当時）そのものである豐を理解し、愛し、尊敬する日本人が大勢を占めていたら、日中戦争の経緯も、戦後の日中のあり方も変わっていたかもしれないと思うと、失ったものの大きさを感じざるを得ません。

豐の没後、その伝記や作品集、翻訳したものなどが次々と出版されました。とりわけ娘の豐一吟さんや息子の華瞻さんたちは、編集・出版に心血を注ぎました。そして彼の作品は中国だけでなく、台湾、香港などの中国語圏も越えて、英語、ドイツ語、ポーランド語にも訳されています。忘れ去られる前の豊を知っている年配の人たちばかりではなく、若い人たちにも彼の作品は読まれており、楊さんのような中国人以外にも、韓国、オーストラリア、フランス、ノルウェーにも研究者が生まれているといいます。もちろん日本にも。

豊一吟さんは楊さんの本の出版に際し、次のような文章を寄せています。

「豊子愷の人生や作品をテーマに文を撰するどの人にも、私は感謝の気持ちを抱いている。彼らは宝の発見者であるからだ。彼らは宝を覆っていた土をていねいに取り除き、宝に本来の輝きを取り戻した。彼らの仕事が多くの人を豊に出会わせたのである」

私はこの本のほんの一部に彼のことを紹介したに過ぎません。沢山の研究者の苦労をつまみ食いして並べただけです。でもこれを書いている時の「わくわく感」は、一吟さんの言う、宝を発見する喜びだったのだと、彼女の文章を読んで思い至りました。皆さんにも宝を発見する喜びを味わっていただきたいと切に思います。

洞庭湖と岳陽楼

南京から高速鉄道に乗車、雨に煙る江南路を岳陽に向かいます。今回も南京に引き続き、戴国偉さんが下見、案内をして下さいました。

平地のあちこちに小さな山があり、その間の段々畑と溜め池や蓮池、小川、そして疎林に囲まれた集落が車窓を過ぎ去っていきます。天気は次第に回復し、緑濃い山あいに光が差し、物語の中に出て来るような紅い屋根の家々が点在する可愛い村がふと現れたりします。緑と光があふれる光景も一瞬で通り過ぎてしまいます。

岳陽に着くと、ガイドの呉敏さんがにぎにぎしい赤いポロシャツ姿、笑顔で迎えてくださいました。この日は「むすぶ会」には珍しい観光の一日。憧れの洞庭湖に行き、岳陽楼に登りました。岳陽楼というと日本では杜甫を思い出しますが、中国では范仲淹という人が書いた『岳陽楼記』の方が有名です。文章の後半にある「天下の憂えに先んじて憂え、天下の楽しみに後れて楽しむ」という箇所は、尊敬に値する人格を表現していて、お土産物の扇子やしおりにもこの言葉がデザインされたものが沢山ありました。

楼の窓から洞庭湖を見渡しました。さざ波が立って陽の光を細かく反射しています。楼の前に立った時、意外に小さいと思いましたが、白銀の盆にたとえられた通り、茫々と広がる穏やかな湖を見ていると、楼の高さはこの湖にふさわしいものに思えました。

帰りがけに湖畔にも行きました。石でつくられた岸辺を波が緩やかに洗っています。水際には藻が生え、滑りそうでしたがぎりぎりまで近づき、手を伸ばし水に触れました。

「昔聞く洞庭の水、今さわる洞庭の水」です。

水辺に立って眺める洞庭湖、昔から多くの人々にその美しさを称えられてきたこの場所に立つことができ、胸がいっぱいになるくらい嬉しくなりました。

さあ帰らなければと振り返った時、階段の側面にある標語が目に入りました。なんと「泳ぐな触るな健康のために」そして「住血吸虫がいる」と書いてあるではありませんか。もう触ってしまったじゃないかと思っても後の祭り、さらに「あの洞庭湖」がこんなことになっているなんて、というショックで二重にがっくり。でも水際を犬を連れて散歩している人がいて、犬が水に入っていきます。犬は平気なのかなと思っていると、今度は人も入っていきます。まあそれほど恐れるものでもないのかもしれない、舐めたわけじゃないしと自分を慰め、洞庭湖にお別れしました。

廠窖惨案

翌日廠窖に向かう車中、黒いポロシャツに着替えた呉さんに「今日はシックですね」と話しかけると、生真面目な表情で「廠窖に行きますから」と言われました。「廠窖惨案は学校で習いますか」と聞くと「もちろん」という答えが返ってきました。小学校の歴史の教科書に載っているそうです。

廠窖事件は、中国各地で日本軍が起こした中規模、小規模の「南京事件」の中で最大のものです。

洞庭湖西方にある廠窖に向かい、湖に続く湖沼地帯をバスは走ります。複雑に水路や池が入り組み、豊かな緑のところどころ、薄紅の蓮の花が点在、華容、安郷、南県という地名が目に入ってきます。国民党軍の退却路です。追う日本軍がこの先で廠窖事件を起こしました。

アジア・太平洋戦争を始めた日本軍は南方に兵力を割かねばならず、中国では占領地を維持しつつ、そこから時々出動して周囲の抗日勢力を討伐しました（せん滅作戦）。廠窖事件は、江南せん滅作戦の中で起こっています。1943年5月9日から11日の間に、敗走する国民党軍と避難民、住民を南北10キロ、東西5キロの狭い地域に包囲し、無差別に殺害しました。その数は3万人に上ると言われます。戦後すぐ再び始まった内戦状態のため事件はほとんど調査されていませんでしたが、近年紀念碑が建立され、紀念館も建てられました。

最初に侵華日軍厰窖惨案遇難同胞紀念館を訪ねました。館長の郭さんは館の入り口に「歓迎」の横断幕を掲げ、「ようこそはるばる来て下さりありがとう。歴史を忘れてはならない。恨みを覚えることではなく、未来志向で平和のために紀念館を建てた」と言われました。

会議室で幸存者の郭鹿萍さん、彭奇さん、全伯安さんからお話をお聞きしました。郭さんは93歳、1943年事件の時、惨事を目の当たりにされた方です。被害者の一人でもあり、4カ所傷跡が残っていると、シャツをめくっておなかの傷跡を見せてくださいました。以下、郭さんのお話です。

私は当時17歳。75年前の5月、日本軍の戦闘機が爆撃を加え、大砲を撃ち、船舶、兵士が包囲した。7日、川に避難民が包囲された。狭いところに数万人が集まった。私は父母、兄妹弟の6人家族だった。私は父と二人厰窖に残って親戚の家に隠れた。

避難民は70~80人、30~40人は女性だった。9日の9時に13人の日本兵がやってきた。軍刀を帯びていた。騎馬の上官を先頭に現れ、ほぼ全員を追い出し連れ出した。私はベッドの下、溝のようなところに身を隠していたので連れ出されなかった。段々声が大きくなり怒鳴り声が散々聞えた。何が起こったか分からなかった。

暫くして外の様子が静かになった。家が焼かれるのではないかと心配になり、這い出したら、目の前に日本兵が二人いた。日本兵は長い棒で頭のてっぺんから叩こうとしたからよけたが、こめかみを殴られた。その痕は今も残っている。ぼんやりとしたまま家の外に連れ出された。

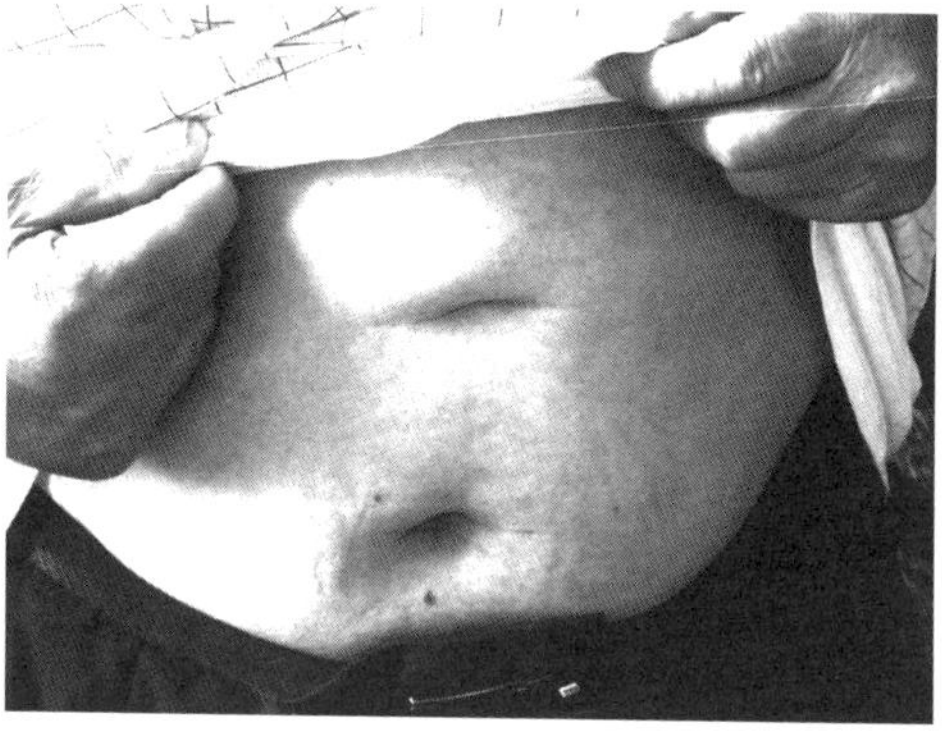

郭さんのおなかの傷跡

証言する郭さん　左頭部に傷跡

脱穀場に40～50人いた、人の群れの中から子ども、女性を出して一画に「動くな」と集めた。残りは服を脱がされて裸だった。

私は綿入れの服を着ていた。殺されるとは思わず、苦力にされると思っていた。縛り付けられ壁に向かってひざまずくように強要された。すると日本兵は銃剣で刺し始めた。大工の曹さんは「日本軍は本当に人を殺すぞ」と叫んだとたんに殺された。私はもういいやと諦め眼をつぶった。真正面からお腹を刺された。浅かった。大丈夫と思った。その後貫通し、3発はお腹、1発は胸だった。綿入れを着ていなかったら、今頃皆さんには会えなかった。胸を刺され意識不明になった。

暗くなりかけた頃意識が戻った。一人だけ生きていて他は死んでいた。縄で縛られていて解くのに一苦労した。生きる思いが強くどうしても生きたいと思い、そら豆畑に入って身を隠した。目の前に広がるのは屍だけ、沢山の人が死んでいた。死体の中にいた。

火事で炎が上がり、村中が炎に包まれた。私たちの村は焼き払われた。そのまま畑で3日過ごし、未熟なそら豆を食べ、枝に溜まる雨粒を飲んだ。このまま死ぬだろうと諦めたところ、避難していた人たちが帰ってきて、私のうめき声を聞き、倒れているのを見つけた。血と泥で生きた人間の相をなしていなかったので皆近づこうとしなかった。勇気のある知人が草を分けて発見してくれた。親戚の家に背負って連れて行った。亡くなった父と対面した。親戚は3人の息子を全員殺された。彼は漢方薬の医者で、薬草を調達してその治療を受け、だんだん傷が治っていった。母たちも戻ってきた。

あの事件から73年も経ったが、17歳の私が死んでいたら今日の私はいない。二度と過去の戦争は起こってはならない。今93歳、命を拾った。75年を生きることができた。日中は平和的に付き合うことを願う。本日は日本人でありながら、調査しに来てくれて感謝する。共に平和のために生きていきましょう。

証言の聞き取りの後、紀念碑前の追悼式で黙禱、献花しました。碑は事件の起こった日を忘れないように、高さ19・43メートル、基壇の高さは5・9メートルになっています。碑正面の追悼文の大要は

「日本軍は5月8日、3000人が出動、陸、水、空から廠窖にやってきて殺し尽くし焼き尽くし奪い尽くす政策を行い、わが同胞、廠窖と近郊の住民1万3000余人、避難民1万2000余人、国民党軍5000余人を屠殺した。3000余軒の建物、2500余艘の

船を焼き、食料、家畜、衣服など数えきれないものを奪い、国内外を驚かす廠窖惨案を引き起こした。この時、遺体は野に満ち、血は川となって流れ、鳥も犬も声なく、天は暗くなった」

裏面には惨案の様子が壁画になっていて、壊れた家、燃える家、破れた服、はだけた服の人々、後ろ手に縛られてうつぶせる人、天を仰いで叫ぶ人、横たわる母親に小さな手を上げてすがりつく金太郎の腹掛けを着けた赤ちゃん、刀を持って走りだそうとする人、鎖を握りしめて立つ人などが描かれていました。

発掘された銀の足輪

　２０１０年に完成した紀念館も見学。当時すでに事件から67年も経っており、また地域共同体が破壊されたため、展示品には事件の遺物は少なく、写真パネルがほとんどでした。事件の概要は地図で詳しく説明されていました。襲い掛かる日本軍、退却していく国民党軍の動きが矢印で示され、その流れに巻き込まれ、右往左往しながら追い詰められていく人々のことが想像されました。

　家族を殺害され、住まいでもある船のそばで嘆く人の様子はジオラマで表現されていました。遺骨の発掘現場は復元され、傍のガラスケースに遺骨とともに発掘された子どもの銀の足輪が納められていました。当時お守りとして子どもの足首にはめたものでしょう。

事件を起こした責任者、横山勇中将などの写真も掲げられていました。横山中将はのちに九州大学での米軍捕虜の生体解剖の罪を問われ服役しているときに病没、その他の責任者も戦死したり、階級が低いということで罪を問われなかったとのことです。

虐殺の現場で

記念写真を撮り名残を惜しんで幸存者とお別れし、館長さんの先導で虐殺現場に向かいました。途中急に停車、「有名な幸存者です」との言葉でバスを降り、道端のおじいさんを紹介されました。まず挨拶し握手をしたのですが、「你《ニー》　日本人《リーベンレン》！」という言葉を返されました。「お前！日本人め！」という語感でした。そして大変険しい目つき、厳しい表情で私たちに言葉を投げかけられました。「你　日本人！」と7、8回言われたと思います。「日本人は凶暴だ。母が犠牲になった。母は妊娠中だった。数年前お墓を移転する時、母の骨と赤ちゃんの骨が出てきた。日本はなぜ賠償しないのか」と言い、おなかと頭の傷を見せてくださいました。その深い傷跡、節くれだった日焼けした手、白濁した右目は、言葉と同じく、その苦難を物語っていました。おじいさんの名前は任徳保さんと、後から聞きました。

任徳保さん

任さんと対面して日本への憎しみを一身に浴びた気がしました。言葉が通じればちゃんと話したいと思いましたが、こんな状況で戴さんに通訳していただくのもためらわれ「『你　日本人！』と言われたこと、忘れません」とだけ言いました。

虐殺の現場に到着しました。「廠窖惨案遺址　徳伏白骨坑」と書かれた石碑が置かれています。現場の保護は年々進んでいるようで、碑の周囲は保護地域になっています。碑の前の池は元は川だったそうで、私たちが立っているこの岸辺には、風が吹くと遺体が寄ってきたという説明を受けました。

バスに戻る時、ちょっとだけ立ち止まって池の面を見ていました。数十年前、今私が立っているここに遺体が吹き寄せられたのだ、任さんにあんな風に言われて当然だ、ただの旅行者で、日本のやってきたことに対し、中国の人々から望まれていることを何一つできていないということがもどかしく、悔しく、川べりから立ち去りがたく思いました。

バスは常徳に向かいます。道沿いに10メートルくらいの幅の水路が延々と走っています。水路の中に鴨か合鴨かの群れがいっぱいいます。溜め池、蓮池、養魚池、水、水、水です。水田、林、小山、みな美しく、ただ眺めるばかりでした。

常徳での細菌戦

朝食後、沅江のほとりにある「詩の墻《かき》」まで行ってみました。２０００年の建造で、秦の時代から常徳に関わる１３００の詩が3キロにわたって刻まれています。

大きな城門をくぐると常徳を象徴する河、沅江に出ました。川べりはさわやかな夏の朝の空気に満ち、水は穏やかに流れています。昔の風物を表す彫像、水売り、荷を担ぐ人、子どもたちに団子を売っているおばあさんなどが置かれています。詩の墻はちょうど見上げるくらいの高さの所に、黒い石に詩を白く彫り出しています。魯迅や毛沢東、周恩来、朱徳の作品もありました。南京陥落、台児荘勝利、中華民国成立、中華人民共和国成立など歴史的事件の場面を表す彫刻もありました。少しの時間しかいられませんでしたが、来られただけでも満足。

この日は常徳の細菌戦について学びます。細菌兵器の実戦使用については、細菌が人々の上に撒き散らされ、どんな被害を与えたのか、どのように地域を破壊したのかについて認識がとても甘かったと思います。一人ひとりの人間の上に、細菌戦がどんな傷跡を残したのか、私は想像することができていませんでした。

傀儡国家「満州国」をつくり上げた日本が、対ソ戦を想定して開発を始めたのが細菌兵器です。その使用はすでに1925年のジュネーブ議定書によって禁止されていましたが、開発・生産・貯蔵は禁止しておらず、研究・実験は進められました。その結果持ってしまったものは使いたくなってしまった、というより初めから使用を想定して極秘裏に研究・実験したということでしょう。

アジア・太平洋戦争初期、バターン半島に立てこもる米比軍に細菌兵器を使用することが検討されました。しかし半島攻略により使用には至りませんでした。その後、ドゥーリットル隊による本土爆撃に衝撃を受けた軍は、米軍機が帰着した飛行場を破壊するための浙贛作戦において細菌兵器を使用します。この時、中国軍の撤退が早く、日本軍が誤って細菌を使用した地域に踏み込み、1万人以上の患者を出し、1700人が死亡したと言われます。細菌兵器の使用は自軍にも秘密の作戦なので、不測の事故もあり得たのでしょう。何も知らない兵士たちが、予防注射のあとの化膿に苦しみ、「ペストあり」という張り紙におびえながら行軍したという回想記が残っています。このような犠牲を出しながらも、国力の乏しい日本にとって細菌兵器は重要で、「決戦兵器」と位置付けられ、研究・使用は続けられました。

敗戦時、細菌戦部隊は施設を破壊、書類を焼却、幹部をはじめとする隊員は民間人に先立って優先的に帰国しました。そして細菌戦に携わっていたことは極秘とされ、隊員は口をつぐみ、戦後を送りました。

常徳は重慶への「南の玄関口」と言われた交通の要所でした。日本軍は、市民の間にペストを流行させて中国軍の交通路を遮断することを目的とし、常徳に対する細菌攻撃を行いました。1941年11月4日、常徳上空に侵入した日本軍機は市街に穀物に混ぜたペストノミを撒布、最初に12歳の少女蔡桃児が犠牲になりました。

常徳は周囲の村々と交易などで密接なつながりを持っており、行き来する人々により、強烈な伝染性を持つペストはあっという間に広範囲に広がり、多くの悲惨な死をもたらし、地域社会を破壊しました。被害は戦後の混乱の中で取り上げられず、中には長い間、何が原因で亡くなったか分からないという人もありました。ペストの流行は収まったかに見えてまた再発し、長い間にわたって死者が発生しました。今もペスト菌陽性のネズミが見つかるそうです。

調査そして提訴へ

1996年、研究者の森正孝さんが初めて常徳を訪ねて細菌戦の調査をされました。中国ではそれ以前に、アメリカの華人組織が対日賠償の運動をしているのに中国国内ではなぜしないのかと問われた人たちが、組織の結成を企画しましたが、政府の認めるところとならず、大きな動きになりませんでした。

森さんが訪ねたときは日本に対する住民感情は大変厳しく、調査は進みませんでしたが、政府がことの重要性を認めたという点で一歩前進になりました。森さんは翌年、日本の弁護士に調査を要請、それに応え、調査団が結成されました。被害者も協会をつくり、無償で自転車で村々を訪ね、被害にあった人たちの記録を掘り起こし、被害の様子が少しずつ明らかになってきました。そして程秀芝さんをはじめ107名の原告団（常徳は30名）が、1997年に、日本政府に対し731部隊細菌戦国家賠償請求訴訟を起こしました。初めは死者と記録されているのは100人余りということでしたが、調査が進むにつれ被害者の数は増え続けています。

提訴の目標は二つ、一つ目は勝訴することにより、被害者の霊を慰めその無念を晴らし、奪われた尊厳を回復すること、日本政府が反省・謝罪・賠償することによりアジア諸国の信頼を回復し、和解・友好・平和を築くこと、二つ目は事実を明らかにすることでした。請求の趣旨は次のとおりです（要旨、「第6回中国平和の旅報告集」草の家ブックレット、平和資料館草の家、1999年より）。

「各原告に次の謝罪文（総理大臣名）を交付し、官報に掲載すること。『日本国は1940年から42年にかけて浙江省、湖南省常徳市、石公橋鎮、桃源県において多数の中国人をペストないしコレラに罹患させて殺傷した。日本国政府を代表して、原告に、国際法に明白に違反する人類史上稀にみる非人道的な残虐行為である細菌戦を行い、計り知れない被害をもたらしたことについて深く謝罪する。加えて、これら事実を隠蔽し続けるという恥ずべき卑劣な行為を行い、被害者に癒えることのない悲しみと苦痛を強い続けてきたことを深く謝罪する。日本国政府は謝罪をふまえ、二度と繰り返さない決意とともに、保管するすべての文書や資料を公開するなどして徹底した事実調査を行い、歴史教育を行うなどして後世に伝えること、日中の間の真の友好と信頼関係を築くためにあらゆる努力をすることを約束する。』『一人1000万円の賠償金を支払うこと』」

訴訟代理人の土屋公献弁護士は訴状陳述に当たって二つの指摘をしました。

「この裁判は公権的に事実を明らかにする裁判である。ところが、被告である国は事実についての認否を避けており、これは事実を明らかにすることを拒み、一切の責任を回避しようとする姿勢である」こと、「日本が国として潔く過去の人道に反する罪を認め、その責任を明らかにし、被害者に謝罪することは、決して日本の『国益』に反するものではない。逆に隣国を初めとするアジア諸国と世界に対する信頼を築くための不可欠の条件なのであって、これこそが金銭に代え難い大きな『国益』に繋がるのである」こと、そして裁判所に対して「確立された国際法上の諸原則を誠実に遵守し、数十年の過去に遡って本件と真正面から取り組み、被害者らの人間の尊厳を回復して下さることを強く期待する」と述べました。

この真っ当な期待に、日本の司法は応えることができませんでした。さすがに被害者自身の口から述べられた被害実態、そして詳細で綿密な調査の結果を無視することはできず、細菌戦の事実と、その犯罪が陸軍中央の指示で行われたこと、人間社会に対する破壊が極めて大きいということを認めました。しかし国家無答責（旧憲法の下では国の賠償責任を定めた法律がなかったので現在も責任を負う必要はないという考え方）などを理由に謝罪も賠償責任も否定しました。

細菌戦の犯罪性は、使用したことはもちろん、その事実を隠ぺいしたことにもあります。そこには細菌兵器研究、実施の成果を利用しようとした米国とソ連の思惑が深く関わっていました。戦後すぐ、成果を巡って米ソの争奪戦が始まりましたが、日本をほぼ単独占領したアメリカが独占、対抗してソ連はハバロフスク裁判で訴追しましたが、冷戦状態の中、ソ連のプロパガンダだという宣伝が功を奏し、結局この犯罪は闇に葬られました。成果を手に入れたアメリカは、朝鮮戦争で細菌兵器を使用し、多くの人々に被害を与えたことが明らかになっています。

弁護士事務所で

常徳で最初に訪ねたのは湖南博集律師事務所（弁護士事務所）。常徳市弁護士会（以下律師協会）と常徳日軍細菌戦受害者協会（以下受害者協会）共催の座談会が始まりました。

最初に律師協会会長の楊さんの挨拶。

「戦争は中国民族に深い傷を与えた災難である。常徳は努力して平和建設に励み、魅力ある新しい町になったことを誇りに思う。反戦、友好の活動を大いに展開してほしい。過去から学び、将来を考え、歴史を銘記し、全人類の平和事業に力を尽くしましょう」と力強く呼びかけられました。

次は律師協会主任、受害者協会の会長も兼ねておられる司会の高峰さんのお話。

「常徳は空襲、会戦、細菌戦の被害を受けた。慰安所もあった。被害状況の調査が主な仕事である。かつての戦争は終わっていない。命が消えるまで終わらない。調査するとどんな傷が残っているかが分かる。賠償訴訟では数千回に上り膨大な歴史が語られた。日本の最高裁判所の判断は被害者の傷に塩を塗ること。原告の何人かは他界された。健在の皆さんが頑張っていることを報告、過去を語ってもらう」

最初の証言者は受害者協会の徐万智さん。以下徐さんの話。

現在78歳。3歳の時に細菌戦の被害を受けた。出身の漢寿県は常徳から15キロのところ。父は収穫した米を天秤で担いで売りに行き、必要なものを買ってくる仕事で、常徳に行ったり来たりしていた。1943年9月のある日、帰ってから高熱が出て元気がなく病気のように見えた。原因は分からず、漢方薬を貰ったがいくら飲んでも効かない。4日目に亡くなった。2日後、おじさんの息子も発病し、同じ症状で亡くなった。看病した祖母も数日後亡くなる。父の兄弟2家族で住んでいて祖母の存在は大事だった。

小学生だった11歳の兄も、おじも同じ病状で数日後亡くなり、葬式でお金を使い果たし葬式をするお金がなくなった。棺をつくれず、家の中の木材でつくった。母も感染し寝たきりで泣いた。周りの人は疫病神と恐れて近づかない。私は母方のおじが実家に連れて行ったので九死に一生を得た。母は半年闘病し、髪の毛が抜けたが何とか命を取りとめた。祖父は元気だったが、泣き続け失明した。

日本軍の攻撃により、私たちのような例は沢山ある。更に全滅してしまった家族もある。振り返りたくない歴史に触れると気分的に落ち込む。

訴訟のため被害原告として事実を調査、被害者支援も行っている。日本政府を相手に無報酬の活動をし、訴訟を起こして20年経つ。日本は被害者への犯罪をいまだに認めていない。私たちはたゆむことなく努力してきたが、日本政府は何の対応もない。憤りを感じる。被害者は眼の黒いうちに謝罪・賠償を受けずに亡くなった。そのことを考えると非常に悲しく、怒りを覚える。日本の政府は人類の歩むべき道を逆方向に行っている。莫大な被害を受けた者として、政権の人たちが靖国に行くこと、歴史を歪曲する反人類的行いに憤りを感じる。謝罪・賠償を実現するまで世界の人々と手をとり、努力する決意である。人権回復・目的達成まで闘い抜く。

登壇されてから話を終えるまで一度も笑顔がありませんでした。徐さんの話はあとになるにつれ熱を帯び、日本政府の対応に対する怒りが、私たちに直接向けられていることを感じました。日

左から徐万智さん、丁徳望さん、胡精鋼さん。後ろは筆者。

本の国が謝罪もしていない、賠償もしていないことは私たち自身の責任である、次の世代には関係がないなどと甘いことを言ってはいられないと、お話を聞いている間ずっと感じていました。

続いて話された丁徳望さんは1933年生まれ、9歳の時、大黒柱のお父さんがペストにより亡くなり、お母さんは纏足で働けなかったけれど、再婚しないまま、苦しみながらどん底の生活の中で育てられました。1998年から被害調査の一員として活動してきた、日本の政府が反省しないのは平和への妨害であり、被害者に対する2回目の犯罪である、諦めず闘い抜く決意であると丁さんは言われました。

丁さんの話のあと、休憩になりました。昨日の任さん、今日の徐さん、丁さんの話は心にムチを当てられるようなものでした。前の日、任さんとはそのままお別れしてしまいましたが、ここでは少し話ができそうだったので、このままでは終われないと思い、後ろに座っておられるお二人のところに近寄ってみました。「ありがとうございます」とか「疲れましたか」とか、とにかく知っている言葉を全部引っ張り出して話しかけました。思いのほかの笑顔が返ってきて、少し心が通じたかなとほっとしました。ついでに触ってしまおうと思い、握手もし、お二人の肩に手を置いて、お隣の胡精鋼さんと一緒に写真まで撮ってもらいました。廠窖の任さんともこのような時間を持てればよかったのにと思えました。

休憩後は、胡さんのお話を聞きました。胡さんは1950年生まれですが、お祖父さんをペストで亡くしました。

一番若かったので、コンピュータを使い、資料収集、実地調査を行い、パソコンに入れたデータは2テラバイト分あるとのこと。胡さんは、「歴史を強調するのは復讐や仕返しが目的なのではない。歴史を鑑にし、残酷な歴史を繰り返さないよう平和を保ち、悲劇を起こさないよう、世々代々仲良くしていきましょう」と呼びかけられました。

証言に続いて、湖南文理学院教授の張華さんがオーストリア人の医師ポリッツァーについて話されました。

ポリッツァーは、常徳でペストが流行した時も、多くの住民を救いました。中米合同の航空関連部品工場がある雲南でペストが発生した時も派遣されて調査・対策にあたりました。彼のことは今回常徳に関わるまでは全く知りませんでした。延安で2年間仕事をしたベチューンが中国でよく記憶されているのは、やはり共産党関係だったからで、ポリッツァーは国民党政府のもとで働いたので、ほとんど忘れられていたと言えるのかもしれません。でも歴史を公平、公正にみるという動きが進み、彼の業績に光が当てられるようになったということでしょう。

当時地方政府により患者は隔離し、亡くなったら解剖し火葬するという防疫対策が行われました。しかしそれは民衆の大きな抵抗にあいました。死者を一族大勢で集まって盛大に見送る葬儀、身体を傷つけずに土葬することを大切にしたからです。中には火葬を避けるために、死亡した幼い息子二人をかごに入れ、天秤棒で担ぎ空襲のどさくさに紛れて城外に脱出し、土葬した父親もいます。のちにポリッツァーは火葬を廃止し、ペストの死者専用の墓地を整備することを提案し、土葬が認められるようになりました。

お話を聞いていて、雲南の滇西抗戦紀念館（156ページ）に、細菌爆弾が展示されていたのを思い出しました。その時はなんでこんなところに細菌爆弾があるのだろう、戦争遺物を提供した人のコレクションの一つか、などと呑気に考えて通り過ぎてしまいました。日本軍が雲南で細菌爆弾を投下したのはあり得ることです。これから研究が進み、資料が発掘され、今まで漠然としていた他の地域での細菌戦も明らかにされていくことでしょう。

最後に会長の高さんのお話がありました。

1996年、日本からの調査団は政府を通して現地に赴き、被害者ボランティアの協力を得て、最初に犠牲になった蔡桃児の遺体から初めてペスト菌を検出したカルテなどアメリカ人経営の広徳病院の資料から、確たる証拠を得た。ペスト流行への対策・治療・死者について記した国民政府資料も見つけた。細菌戦を実行したパイロットが菌を撒布した地図、重慶にあったポリッツァーの報告書（菌検出確認）も発見、これは第一次資料である。再発防止のメンバーの記念写真もあった。これを契機に日本側も陣中日誌などの資料を見つけるようになった。

調査により明らかになった被害者の人数は7643人。戦争の時代にまともな調査は不可能だった。もっと多いかもしれない。受害者協会は被害者と遺族が結成した草の根の100パーセント民間組織で援助はない。地道な活動をしている。嘆願書を日本の国会に出した。日本の弁護士と協力し、陳述、デモも行った。事件から70数年経ち、メンバーが亡くなっている。資金面も含め頑張っているが、どう維持していくか見通しが立たない。

被害者は人間であり、血と肉と骨で形成された尊いいのちを持っている。彼らが自分の期待に即した結果を見ず、無念の気持ちを持って他界していくことを考えると感慨は計り知れない。被害者の尊いいのち、尊厳、名誉回復のため闘わずにはいられない。日本の裁判所は罪は認めた。政府は鉄証が出たにもかかわらず認めない。更に研究するための貴重な資料が自衛隊や防衛省などにあるはず、是非欲しい。資料を持っている施設に公開するよう呼び掛けている。

単なる恨みを持って日本に行くのではない。これからの日中はどうするべきか考えるために行く。闘いはこれからも続く。政府が謝罪、賠償するまで諦めず闘い続ける。

高さんはおそらく仕事を始めてすぐこの問題に関わったのでしょう。長い間の取り組みに裏打ちされた説得力を持ってまっすぐにこちらを見て、「犯罪が閉ざされないように周りの人たちに広めて下さい。絶対に諦めない」と語られました。

劫難碑

食事のあと、高さんの車に先導されて桃源県の追悼碑に向かいました。ここは常徳とつながる地域の一つで、そのためペストも伝播し、多くの犠牲者が出ました。

碑は小高い山のてっぺんにあり、大きな石に「劫難碑」と刻まれています。２０１５年12月に桃源県の細菌戦調査委員会によって建てられ、碑文には、常徳へ豚を売りに行って感染、亡くなった李佑生と、相次いで亡くなった15人の親族の名前が刻まれ、国民政府の防疫活動・調査が「防治湖西（湖南西部）ペスト経過報告書」として記録されたこと、記録は単なる李一族の恨みではなく、国の恨みであると書かれており、高さんは、記録は疑いようのない鉄証であると言わ

李宏華さんご夫妻

れました。

碑の建設は募金を募り、死者が土葬された山に道をつくるところから始まったそうです。山を少し下り、李佑生の孫で原告の一人、李宏華さんを訪ねました。李さんは90歳。祖父、おじが亡くなり、棺桶に入れないまま葬ったそうです。お連れ合い、ひまごを抱いた娘さんも集まってこられました。娘さんは、紀念碑ができて嬉しい、紀念館もつくってほしい、世間話をして当時の話を聞いたと言われました。

李さんの家を辞しバスを待つ間、高さんと立ち話をしました。高さんも父方の伯父二人をペストで亡くしたと言われました。伯父たちは洪水のため食物にもこと欠く生活で、感染したあと、帰る途中、船で亡くなったそうです。お祖父さんは阮江の

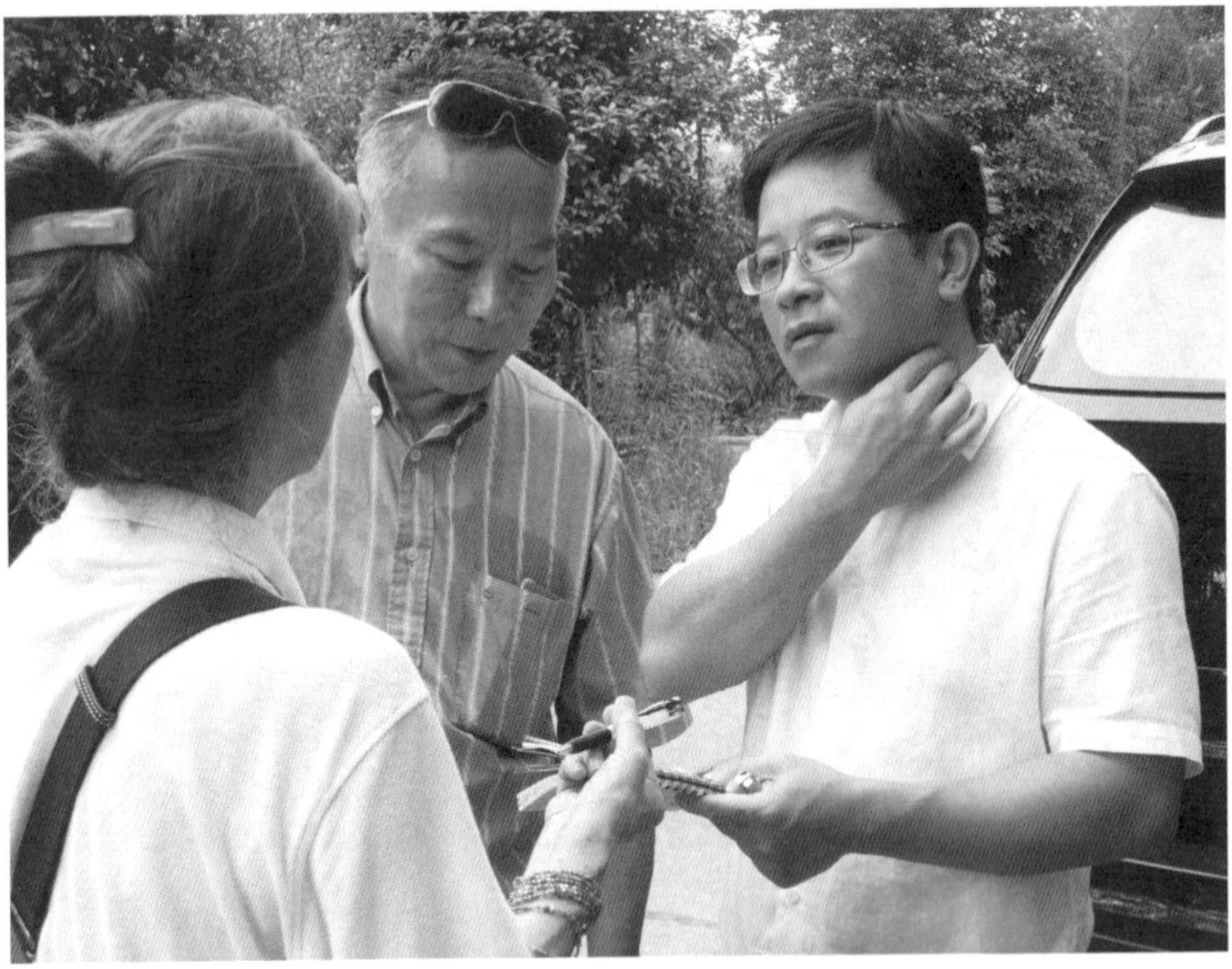

バスを待つ間の立ち話。（右）高峰さん（中央）戴さん

水売り、ペストのことは知らず、疫病に罹ったと思い、穴を掘りむしろで巻いて石灰をかけて葬ったとのことでした。お祖母さんは朱九英さん、お父さんは高緒官さん、共に原告だそうです。短い立ち話でしたが、心に残りました。

「お祖父さん、お祖母さん、伯父さん」と言っても、その当時、祖父母にとっては息子二人を失ったことになります。日本軍によるペスト禍だと分からず、疫病だと自分たちを納得させ、不吉な病なので普通の埋葬はできなかったのです。お父さんにとっては兄二人をいっぺんになくしたことになります。弟としてはもちろんのこと、息子として両親の嘆きを見るのは本当に辛いことだったと思われます。高さんはそんな家族の痛みを、小さい頃から聞いて育ったのでしょう。事務所で聞いた高さんのお話の裏には、そんな歴史があったということを知ることになりました。帰国後、裁判資料の中に伯父さん二人の名前を見つけました。「高緒武12歳、高緒文10歳」と書いてありました。そんなに小さな子どもだったのかと、改めてその文字を見つめてしまいました。

バスを待つのは舗装した道の傍、両側は茂みになっています。今は車が通りますが、当時はこのような道などはなかったでしょう。この山の斜面のあちこちに、ペストで亡くなった人たちが埋められたそうです。細い山道を、警察や役人に知られることを恐れた家族が夜の闇に紛れ、泣く声も忍んで遺体を担ぎ登って行き、ひっそりと埋葬したのだと思われました。

「細菌戦」という三文字からはすぐには想像できない沢山の悲劇があったことでしょう。原告一人ひとりの訴えにはその一つひとつの悲劇を明らかにし、亡くなった人、苦しんだ家族の尊厳を取り戻したいという気持ちが沢山沢山込められているのを知らなければならないと思いました。

鶏鵝巷

帰りのバスの中で、最初にペストノミが撒かれた鶏鵝巷はホテルの近くで、碑もあると説明を受け、高さんの伯父さん二人もここで感染したと立ち話の時に聞いたのを思い出し、夕食まで少し時間があったのを幸い、行ってみることにしました。

ホテルの出口で私より先に鶏鵝巷の碑を探しに行った方々に会いました。10人くらいの人に聞いたけど分からなかったということでした。ちょっと不安になりましたが、ここで諦めてはいられないと、持っておられた碑文を写した写真をお借りし、まあ何とかなるだろうと歩き出しました。でも写真を借りておいたのは、地図だけしか持たずに出ていった大胆不敵な私としては上出来でした。

ホテルを出て一つ目の路地を曲がったところですぐ、二人連れの女性に会いました。夕方の散歩という風情の地元の人のようでした。10人に聞いても分からなかったという言葉が頭をよぎりましたが、一応聞いてみようと思って写真を見せたら、なんと「知っている、連れて行ってあげる」と言われるではありませんか。私の場合、写真の威力は絶大でした。強い味方を得たと嬉しくなってついて歩き出しました。角を次々と曲がりながら路地を歩いていきます。

女性たちはすぐ仲良くなるおばちゃんモードで、あれこれ話しかけてこられます。私も常徳は初めてで20人くらいで来ていることなど、つたないながらやり取りしました。南京に行ったことを話すと、「南京（事件）はひどい」と顔をしかめ、すぐ「日本人？」と返してくれました。でもほとんど聞かれていることは分からず、会話の途中に「听不懂《ティンプトン》、対不起《トゥイプチ》（聞き取れない、ごめんなさい）」を連発したのでとうとう笑われてしまいました。

初めは帰り路を確認しながら歩いていましたが、途中からどこをどう歩いているのか分からなくなり、夕食までに帰れるか不安になってきました。「迷路了《ミルーラ》」（迷子になった）と訴えると「連

鶏鵝巷の道標　日本軍機はこの空の左手から右手へ横切りペスト菌を撒いた

れて帰ってあげる」とあくまでも親切です。ホテルのカードを見せるとうなずき、大丈夫という笑顔を向けられ一安心。

人通りの多い街の十字路の一角に屋台があり、ここだと指さされました。屋台のおじさんが座っている椅子の下に碑文のプレートが嵌め込まれています。これでは見つけられなかったのも当然です。おじさんはプレートがあることに気付いていない様子です。「すみません」と言うと椅子をどけて下さり、黙禱することができました。空を見上げ、半月が浮かんでいるこの空を、飛行機はペストノミを撒きながら、こっちの方向からあっちの方に横切ったのだなと思い、写真も撮りました。当時人々はどんな気持ちで日本軍機を見送ったのでしょう。空から落ちてくる訳の分からないものにびっくりし、警察が駆け付け、落下物を集め持っていくのを目撃した人たちは不安を感じたことでしょう。やがて死者が出、被害はどんどん広がっていったのでした。

今は夕暮れの雑踏の中、大勢の人々がおしゃべりしたり、買い物したり、店番したり、スクーターで走り抜けたり、日本の街角でも見ることのできる普通の暮らしが目の前にあります。建物や売っている物、着ている物も多少は変わったでしょうけれど、人の暮らしそのものはそんなに変わっていないはずです。そんな街角になんということをしたのかという思いにとらわれました。

女性たちを待たせるのも悪いのでプレートを離れ、遠ざかりながら振り返って、街角の写真もなんとか撮りました。約束通り、二人は私をホテルまで連れ帰ってくださいました。別れるとき、口々に「和平」「反対戦争」と言いながらこぶしを上げる頼もしい方々でした。

夕食後、また沅江河畔へ。詩の牆はライトアップされていて、沢山の市民が川風に吹かれて散策していました。平和な沅江でした。

翌朝、食事のあと、私が撮った写真を頼りに、再度挑戦して無事、鶏鵝巷に行かれた方にお願いし、皆さんを連れて行ってもらいました。行って帰って来るだけで精一杯でしたが、常徳での被害の跡地に立ってみんなで追悼することができました。

長沙

翌日は長沙へ。日本軍は何度も長沙の攻略を図り、３回目に占領しました。戦いは激しく街は破壊しつくされ、地下の文物のみ残ったとのことです。その中でも世界的に有名な馬王堆の遺物を展示している長沙博物館を見学、２０００年前のものとは思えない女性のミイラ、副葬品の数々に目がくらむ思いがし、悠久の中国文化に触れることができました。

桂林（第23次）

打通作戦の終着点・桂林

南京禄口国際空港を発った飛行機が桂林上空に差し掛かります。窓から見下ろすと、「あの山」が見えました。古来より水墨画に描かれ、日本人の憧れのあの山。平地からいきなり数十メートル、数百メートルにも立ち上がって連なる山々。写真でしか見たことのない風景が目の前にあるということにまず感動しました。

桂林はしかし、日本軍の大陸打通作戦（正式名称は1号作戦。以下「打通作戦」）の一つの終着点でもあります。上海事変、南京戦、徐州・武漢・広州戦はよく知られていますが、打通作戦については、その膨大な規模と甚大な犠牲にもかかわらず、日本ではあまり話題になることはありません。

１９３７年の盧溝橋事件から始まった日中全面戦争は、上海での激戦を経て首都南京が陥落、日本は戦勝に沸きます。しかし国民政府は重慶に退き、国共合作が成立した中国は一致して抗日戦争を続けます。日本軍は徐州・武漢・広州など重要都市を攻略しますが、いわゆる「点と線」の占領にすぎず、その後は抗日勢力を討伐するのみで、支配地を拡大することはできなくなりました。

勝つことも負けることもできないというこの状態を打開するために、日本軍は欧米を相手取ってアジア・太平洋戦争を始めますが、当初、戦線を拡大するだけ拡大したものの、体制を整えた米軍の反撃が始まると太平洋方面で日本軍は敗北を重ねることになります。制海権を失いつつあった日本にとって、拡大した戦線へ兵士、物資を送ることも、南方から資源を日本へ送ることも、日を追って困難になってきます。

一方米国の義勇兵からなる飛行隊（フライングタイガーズ）は、日中戦争当初から中国を支援、アジア・太平洋戦争が始まると、米中連合の空軍による爆撃も行われます。1943年11月には華中の遂川から発進した米軍のB25、P38が台湾の新竹飛行場と市街を爆撃します。既に東シナ海の船舶の撃沈が相次いでおり、本土空爆への危機感も強めた参謀本部は、日本軍にとって手薄だった華中の米空軍基地を破壊する作戦を考え、計画に着手します。作戦の第一目的は米軍の空軍基地の覆滅でありながら、天皇に上奏された時には、そこに、華北から華南、そして仏領インドシナを結ぶ陸路を開通させ、戦争の今後を好転させること、攻略地点の資源を取得することが加わりました。参謀本部だけではなく、重慶を目前にして手をこまねいていることにしびれを切らしていた現地軍も、中国軍を撃破することにより日中戦争の帰趨を決めたいとの野心を持っていました。双方の思惑が相まって、打通作戦は1944年1月発動されます。

作戦は三段階に分けられます。一段目の京漢作戦は河南省を戦場に1944年4月18日から5

月25日まで戦われ、北京から武漢に至る陸路を打開しました。二段目、第一期湘桂作戦は5月27日から9月中旬まで湖南省を戦場とし、岳陽・長沙・衡陽を占領、広西省に迫ります。最後の第二期湘桂作戦は9月中旬から1945年2月まで、広西省と貴州省を戦場としました。この作戦での山場が桂林と柳州の戦いです。桂林と柳州を攻略した軍は、北部仏領インドシナから進撃してきた軍と合流、打通作戦は「達成」されたことになります。

2019年、「むすぶ会」は第二期湘桂作戦で戦場となった桂林を訪問しました。華中の交通の要衝であり、「東部中国における最大のアメリカ軍事センター」(中米印軍事指揮官スティルウェルの言葉)が置かれたために、桂林は打通作戦の大きな目標の一つとされました。しかし、日本軍が多大な犠牲を払い、1944年11月10日に桂林に到達した時、米軍は飛行場を破壊し、飛行機も移動してしまっていました。その2週間後、マリアナ諸島から発進した70機のB29が東京を初空襲、その後大都市から中小都市、そして日本の津々浦々が空襲を受け、広島、長崎への原爆投下へと続いていきました。打通作戦の第一の目的がそもそも無意味だったことになります。

もちろん、参謀本部でもその数カ月前に中止に追い込まれたインパール作戦の惨憺たる結果を見て、打通作戦への反対の声は起こっていました。けれども参謀本部の服部卓四郎たちの、立案した作戦はあくまでも遂行しようとする強硬な意見と、わずかな勝利に酔い戦局の全体も兵の苦難をも見ようとしない現地軍司令官の意見が反対を押し切り、打通作戦は続行されます。

しかし「打通」したとはいえ、南方へ送る武器弾薬はすでになく、また南方からの物資を輸送するはずの陸路も、米中軍機の爆撃によって破壊され、補修もままならず多くが放置されました。

また、打通作戦は動員兵力50万人、総作戦距離2400キロを踏破する大作戦でしたが、兵力の多くは東北部の関東軍からの転用と補充兵で、既に南方に多くを引き抜かれていた関東軍は一層弱体化し、敗戦前後、ソ連軍の侵攻の際、「満州国」の日本人を守ることはできませんでした。補充兵の多くは体力も訓練・装備も不十分で、召集されて現地に着く前に、過酷な行軍に耐え切れず倒れてしまうありさまでした。作戦終了時、日本軍の死者は10万人、その半数以上が餓死、または栄養失調による病死（広義の餓死）だと推測されています。

打通作戦における日本軍兵士の状況は、手記や研究者、NHKの調査結果が書籍にまとめられて出版されています。それらを読むと、「勇敢」とか「壮烈」とは程遠い、みじめに生き、みじめに死んでいった兵士のありようが、身に迫ってきます。指揮官とは違う目線、地を這うように歩き、形も残さず死んでいった人々、略奪や強姦、殺害を犯すところに追い込まれていった人々、食べるものも医薬品もなく、ろうそくが燃え尽きるように死んでいった人々の姿を目の前に見るような気がします。

一方この作戦での中国側の兵力は100万人、戦死傷者は75万人といいます。数十万の日本軍に蹂躙された民衆の被害がどれほどに上るのか、正確な統計を知るすべはありません。日中戦争からアジア・太平洋戦争にかけての日本の民間人死者は80万人、中国では1000万人に上るという統計があります。その統計から推し量るだけでも中国に膨大な犠牲をもたらした打通作戦、今回の旅は、日本軍最後の大作戦と呼ばれるこの無謀な作戦の片りんを学ぶ旅となりました。

性暴力被害者の韋紹蘭さん母子のこと

桂林1日目は漓江下りの後、茘浦県に向かいます。ここ数年、事前に調査し同行もして下さっている戴国偉さんが下見に訪れた時に、この地を案内をしてくれた胡洪菘さんがバスの運転手です。胡さんは地域の歴史を研究している方で、折々に抗日戦争の歴史について詳しく語ってくださいました。

市内でもバスが走る道々の脇に山々が聳えています。日本軍の侵攻時、そのほとんどに陣地が置かれ、市民には避難が呼びかけられたといいます。

いくら何でも桂林に来て漓江下りをしないのはもったいないということで、4時間のクルーズをし、終点・陽朔で下船しました。バスに乗る前、駐車場で胡さんから、この陽朔でも日中両軍の激戦があった、1945年7月15日、日本軍の撤退時、ここにこもった日本軍が全滅したとの説明を聞きます。日本軍兵士の遺体は集められて墓に埋葬されたそうです。そこは今はアパートになっている、桂林でも日本軍兵士の慰霊はできないと言われました。

中国の各地、日本の侵略の跡地では今も日本兵の慰霊は原則できません。「むすぶ会」の訪中では中国人犠牲者の追悼をしますが、表立って日本人の追悼をしたことはありません。あまりにも大きな侵略の傷跡を前にし、それにもかかわらず戦後責任を果たそうとしない自国のことを思うと、それは不可能というのが参加者の気持ちです。加害者であり、被害者でもあった日本軍兵士のことを、戦争犠牲者として中国人と共に追悼できる日が、遠い将来であっても来ることを願いながら旅を続けています。

茘浦県へはバスで1時間半、新坪鎮桂東村に住む性暴力被害女性、韋紹蘭さんの家を訪ねるためです。『週刊金曜日』に連載された「私は『日本鬼子』の子」(糟谷廣一郎著、2007年)によると、韋さんの被害は次のとおりです。

　1944年11月下旬、20~30人が住む韋さんの村に日本軍が来るとの知らせで村人は洞窟に避難した。半月程経ったある朝、家の様子を見るために洞窟を出た韋さんは日本兵に見つかった。娘を背負っていたため逃げ遅れ、娘と一緒に拉致された。夫は洞窟の中でそれを知ったが、親類に「殺されるだけだ」と抱きとめられ、彼女たちを助けに行くことはできなかった。日本兵は韋さんを馬嶺鎮の陣地に連れて行き、部屋に押し込め、軍刀をのどに突き付けて強姦した。性病検査もし、避妊具も与えた周到さから、軍隊による組織的な犯行だと分かる。

　韋さんは監視の目が緩んだすきに娘を連れて逃げ出し、3カ月ぶりに村にたどり着いた。夫は「帰ってきてくれただけで嬉しい」と言ってくれた。一緒に拉致された娘は亡くなり、その生まれ変わりのように息子、羅善学さんが生まれたが、あれは「日本鬼子」の子だとのうわさが広がり、夫の態度も変わり、ひどい罵声を浴びせられるようになった。その後、夫の虐待に対し反論できない日々が続き、夫が亡くなった後、母子二人は家族や村人から孤立して暮らしている。

筆者の糟谷さんは、息子の羅さんにも丁寧なインタビューをされています。「日本鬼子」の子という「烙印」は羅さんの人生を苦しめます。あとから生まれた弟妹のようには可愛がられず、学校も途中でやめさせられました。羅さんは周囲の大人の言葉から自分の出自を知り、父が母をののしる言葉から母の苦痛を知ることになります。「日本鬼子の子」に女性は近づかず、結婚もできませんでした。

２００７年、林博史関東学院大学教授によって、日本軍の桂林での性犯罪を記した東京裁判での検察側の書類が発見され、公表されました。それによると、桂林を占領した日本軍は強姦、捕虜、略奪などあらゆる残虐行為を行い、工場を設立すると宣伝し女性を募集、「脅迫して獣のごとき軍隊の淫楽に供した」というもので、これは証拠として裁判で採用されました。この出来事は中国でも報道され、取材を受けた韋紹蘭さんは被害者として名乗り出られました。金学順さんが初めて名乗り出てから16年、韋さんが被害を受けてから実に63年が経っていました。韋さんは日本にも来て、自身の体験を証言されました。

それを機会にそれまで韋さんを蔑んでいた村の人たちにも変化が起き、「正義を実現しようとしている勇気のある人」と支持してくれるようになったということです。

韋さんは「三十二」「二十二」というドキュメンタリー映画にも出演されました。監督の郭柯さんは韋さんの語りの中で最も印象深いものとして「世界はすばらしい、私はまだまだ生きたい。この世界は活気に満ちている」という言葉を紹介しています。

連載を読み、韋さん、羅さん母子のことを知るにつけ、二人に会いたいと思い続けてきました。韋さんは高齢なので一日も早くと思っていましたが、この旅の準備をしていた2019年5月5日に亡くなりました。旅を企画するのが遅すぎました。日本人として会って一言お話がしたかった、何を言えるのか全く分からないのだけれど、会うのと会わないのとでは伝え方も違う、この事実を、この無残さを、それでも生き抜いた苦難の人生を伝えなければやまないという思いがありました。せめて羅さんにはお会いできないだろうかと、恐る恐る戴さんに伺うと、可能だとのことで茘浦県行きが決まりました。

日干し煉瓦の家が点在する村に入りました。羅さんは、以前住んでいた家の向かい側にある、韋さんの孫の武春さんの新しい家に身を寄せておられました。しかし数日前からボランティアと一緒に桂林に行って13日の誕生日を祝い、約束した今日までに、まだ帰ってきていないとのことでした。遥々訪ねてきたけれど、もしかすると羅さんは会いたくないのかもしれない、面会の可否は羅さんの気持ち次第なのだから、それならそれで仕方がないと諦めました。

武春さんは気の毒がってアルバムを出してきたり、訪ねる人が多くなったのでつくったとい

韋紹蘭さんと羅善学さんが暮らした日干し煉瓦の家

う、壁際に積み上げた木の椅子をわざわざ下ろし、勧めて下さいました。夏休みで帰省しているひ孫の武敏さんは、誕生会の様子をスマートフォンで見せてくれました。

帰りがけに武春さんに「日本人に対してどう思っていますか」と尋ねました。「没什么《メイシェンマ》（何でもない）」との答えが返ってきました。あまりに愛想がないと思われたのか、そのあとで「很好《ヘンハオ》（とても良い）」と言い添えてくれました。「何でもない」としか言いようのない私たちなのかもしれないと思いました。

再びバスに乗り、韋さんが監禁されていた馬嶺鎮の慰安所跡へ向かいました。地元の裕福な陳一族の屋敷を接収

韋紹蘭さんが監禁されていた慰安所跡

した日本軍は、平屋の一棟を慰安所としました。

糟谷さんの記事でも、韋さん、羅さんと一緒にここを訪ね、「窓に見覚えがある。入って二つ目の部屋に閉じ込められていた」との証言を聞き取っています。並んで窓を覗き込んでいる写真も残っています。その時のお二人の気持ちは、どんなものだったのでしょう。

家の裏手で一人の女性が待っておられました。家主の陳一族の一人、陳慶文さん。平屋のほかに、望楼として使われていた高い納屋や、日本兵が駐屯していた建物などを説明してくださいました。そして「これらの建物はこれから貴重になるから売るなと兄に言われている、父は共産党の地下工作員で、安徽省で7年間抗日戦を戦って帰ってきたが、いとこが喜んで『帰ってきた』と言って、大地主に知られ殺された、１９４９年内戦の時のことだ」と言われ、お父さんの写真を母屋に取りに行って誇らしげに見せて下さいました。日本軍は年寄りと子どもに優しく、飴を配ってくれた、「飴ちょうだい」と言ったとも言われました。敗戦後の日本の「ギブミーチョコレート」のようなものでしょう。占領が安定すると、このような兵士と住民の関わりがあったことは不思議ではありません。でも桂林市内では、撤退する日本軍が意味もなく建物に火を放ち焼き払ったことが、東京裁判の訴状にも書かれています。陳さんの家はそれは免れたのでしょう。

市内に戻ってホテルに帰りつくと、羅さん支援のボランティアの若者が待っていて、戴さんに事情を説明しました。職務の完璧を期する戴さんはその後もボランティアの人たちと連絡を取り合ってくれて、翌日、桂林市内で羅さんと会えるかもしれないということになりました。

羅さんとの出会い

二日目のフィールドワークはまず臨桂区にある李宗仁紀念館からスタートしました。李宗仁については徐州戦の時（１７４ページ）に紹介したので重複を避けますが、地方軍閥出身で国民的英雄になった軍人のルーツを知ることができました。また臨桂区に向かう途中、桂林、南寧、ベ

羅善学さん（左）と通訳する戴さん（右）

トナムを結ぶ高速道路の高架下をくぐり、今いるところが打通作戦のルートにあることを実感しました。また車窓からではありますが、美国飛虎隊（フライングタイガーズ）桂林遺址公園と飛行場の滑走路跡を見ました。打通作戦はこの飛行場を破壊することが大きな目的でした。また米国の義勇隊であるフライングタイガーズは、援蒋ビルマルート上空の制空権を確保することが任務の一つ、20次に訪問した雲南にも関連し、西の雲南、東の広西と、日中戦争理解の点と線がつながる思いがしました。

臨桂区から帰り、羅さんとの待ち合わせ場所である桂林市最大の公園、七星公園に向かいます。鍾乳洞の前は冷気が出てきて天然のクーラーとなっていて、お年寄りが集まっておられ、そこの岩陰に羅さんも、周りの人たちと並んで座っておられました。人ごみを避け、木陰

羅善学さん（前列左から３人目）を囲んで

までお連れしました。

　写真で拝見した時よりもずっと年老いた様子で、心身の具合もよくないと戴さんから聞いていました。わざわざ会っていただくのも申し訳なく、「私たちのために時間をとってくださってありがとうございました。今日お会いできて嬉しかったです。いろいろな思いがおありだと思いますが、これからもお元気でお過ごしください」と挨拶するのがやっとでした。

　羅さんは「しゃべっても何にもならない。かつての悲惨な出来事は皆さんのせいではない。皆さんの先祖の罪悪であり、皆さんが関与したことではない。私のような被害を受けた人は私一人ではない。母は天国に行った」と言われました。

　困っていることはないかとの問いには

ボランティアと一緒に去っていく羅善学さん

「生活苦は山ほどある。自分を頼りにしないと。政府からは補助金が出ている」と答え、「昔のことは仕方ない。言うのは難しい。日本人がしたことは法律違反だ」と最後に言われました。

苦しみの中で年を重ね、病を負っておられる羅さんにお聞きすることはもう何もない、日本人が会いに来たということだけ受け止めて下さればいいという気持ちでした。

糟谷さんのインタビューには「私の人生は台無しになった」と語る羅さんですが、「父を恨むべきではない。育ててくれた仁義はある」「日本兵が母を殺さなかったから、ありがとうという気持ちはある。殺しておれば、私と母はいなかったのだから」とも言われています。日本兵の「父」については「恥ずかしいことだから考えないようにしていた」、日本政府に賠償を求める気はないが、母に謝ってほしい、失礼なことをしたのだからと言われ、日本政府に対し調査を依頼する請願書も書かれました。

最早、羅さんの「父」を特定することはできません。でも、「強制はなかった」のみならず、「そもそも『慰安婦』なんて嘘だ」という言辞が横行するこの日本社会を変えていくために、私たちがもっと働かなくてはならないのは確かです。

羅さんとの面会はあっという間でした。ボランティアの若者と並んで木々の茂る公園の道を遠ざかっていく羅さんを見送りました。苦難を背負いながらも、人間としてのあり方を失わず生き抜いてこられた羅さんへの、尊敬の思いでいっぱいでした。

そのあと公園付近での桂林防衛戦で戦死した指揮官と兵士のお墓を訪ねました。1944年10月末の日本軍侵入時、ここの陣地に兵站部門、負傷兵を含む400人の兵士、参謀がこもって戦いました。数も武器の質も圧倒的な日本軍との激戦の末、撤退した鍾乳洞の中で、毒ガスにより殺害されました。鍾乳洞内も見学しましたが、入ってすぐの壁には煤で黒くなった跡が残っていました。戦後、洞内と周辺で823体の遺骨が発見され、指揮官と共に埋葬されました。

石段を登ったところに3人の指揮官、陳済桓、闞維雍、呂旃蒙のお墓と紀念塔がたっています。呂旃蒙は戦闘中流れ弾で亡くなり、陳済桓と闞維雍は陣地が占領された時、拳銃で自殺、陳に対して日本軍はその奮戦を称え、埋葬してお墓をつくったということです。紀念塔に並んで

伏波山からの景色。左手奥の山が風洞山。右は漓江。その奥にアパート群。

「八百壮士墓」があります。戦後すぐ建てられたものですが、1982年、修復されました。国民政府軍の戦死者の顕彰碑、追悼碑の多くは文革中に破壊されましたが、その後修復され現在に至っています。

伏波山上に立って

ホテルの前、道路の向こうに伏波山がありま す。変な表現ですが、地面からぽこんと突き出ているのでそうとしか言いようがありません。山は公園の中にあり、6時半までは入園料無料ということで、朝食前に行ってみました。

山頂に着くとうっすらと靄の中に浮かぶ山々の上に、赤い朝日が昇っていきます。初年兵として打通作戦に従軍した吉岡義一さんの手記「零の進軍」には、桂林城とその周辺を俯瞰した克明な絵が載っています。それと照らし合わせてみると、桂林戦の臨場感が直に伝わってきました。ずっと北側には吉岡さんが下痢に苦しみながら攻撃の日を待った村、今はアパートが林立しています。その手前は風洞山（畳彩山）、頑丈な木柵がぐるりを取り巻き、5寸釘を打った板が敷き詰められ、地雷が埋められていたところです。岸辺には水中鉄条網が敷かれ、それらの中国軍の堅固な防備を突破して総攻撃が行われました。吉岡さんはそこで戦友を砲弾や地雷で木っ端みじんにされます。山上のトーチカから銃声が響き渡る中、岩山を駆け上ると向かい側、中国旗を掲げた独秀峰からも応戦されます。敗退する中国兵が撃たれて漓江に落ち、水が血に染まるのを見ます。

その時の状況が目の前に立ち現れるような気がしましたが、一方では、そばには早朝の登山を楽しむ市民がのんびりと鉄柵にもたれて南の市街を見たり、スマートフォンで朝日を写したりしていています。漓江が北から南へゆったりと流れています。南の解放橋方面からは賑やかな音楽、歌声も聞こえ、手の届きそうなところにトンボが飛んでいました。この美しい市街、山々、川を日本軍が容赦なく爆撃し、砲撃し、蹂躙し、多くの人々が殺害されたのは遠い昔のこと、でも確かにあったことだと胸に刻みました。

バスに乗る前、皆で漓江の川辺を解放橋まで歩きました。この辺りも当時、水中鉄条網が敷かれていましたが、今は木々が生い茂った遊歩道となり、川がすぐそばを流れ、バケツに入れた魚を売る人、泳ぐ人、親子で水遊び、犬の水浴び、そして音楽に合わせて太極拳をする人、おしゃ

左に見えるのが解放橋。中央の並木は遊歩道で右は桂林市街

べりをする人など、のどかな光景が広がっていました。

解放橋は初めは船をつないだ橋でしたが、1937年に始まった空襲からの避難のため本格的な建設が始まり、1939年完成、蔣介石の名前をとって中正橋と名付けられました。1944年11月、日本軍の侵攻阻止のため橋脚を破壊しました。建国後再建され、解放橋と名付けられました。

桂林戦では橋を境に、西側の山々にはすべて歩兵、重機関銃陣地を築き、日本軍を待ち構えました。先ほど上った伏波山にももちろん配置されていました。東から235連隊、南から234連隊、北からは236連隊が攻めてきた、桂林作戦は3回あったと説明を受けました。1回目は1944年11月の防衛戦、2回目は1945年7月の日本軍の撤退戦、3回目は1949年、内戦時の解放戦です。「被害を受けるのは民衆、戦争は絶対あかん！」と戴さんは声を強め、「NO MORE KEIRIN」と言われました。「NO MORE WAR」は世界の民衆共通の思いです。

燕岩惨案

午後は、廟嶺郷馬埠江村で日本軍が起こした住民虐殺事件、燕岩惨案の遺跡に行きました。大型バスでは行けない、道も草が生い茂っているから難しいと言われていましたが、戴さんなら何とかしてくださると思い、メール連絡では無理はしないでくださいと書きながらも、行けるとい

村人が逃げ込んだ山へ向かって歩く

いですがと、プレッシャーをかけてしまっていました。戴さんは胡さんをはじめとする地元のボランティアの協力を得て、訪問を可能にして下さいました。

バスを降り、幸存者の陽振珠さんの案内で農道を歩き、途中から田んぼに入りました。苅田の向こう側、平地から急に山になっているその山裾まで歩きます。日本軍侵入時、村人は家財道具をまとめ、家畜を連れて山の洞窟に逃げ込みました。干割れた田んぼに稲株が残り、足元は悪いですがそんなことは言っていられません。82歳の陽さんがずんずん歩くのにみんな一生懸命ついていきます。

苅田が終わり、小高くなった斜面を登ります。生い茂る草（草というより木）を刈ってくださったのは陽さんです。「頭、目、口を蜂に刺されて腫れ上がった、ご飯を食べられ

村人が隠れた洞窟

なかった」と道々話してくださいました。細道から枇杷畑に入り、そこを抜けると洞窟の前に出ました。

1944年、日本軍がやってきたと聞き、陽さんは村人と共に、父母、兄と4人でこの洞に避難しました。洞窟内は空気が悪く外に出たこと、日本軍が来て火を点けたことを話してくださいました。そして「兄の方が詳しい、兄を迎えに行く」と踵を返し、もと来た道をなんと走り出されました。82歳ですよ。

やぶ蚊に刺されながらしばらく待っていると、お兄さんの陽振球さんが来られました。87歳とのこと。挨拶もそこそこに、「ここは一番来たくない場所。来たら悲しくなる。見るだけで涙が出る」と言いながら、当時のことを話してくださ

左、陽振球さん、右、陽振珠さん

いました。

１９４４年10月25日６時頃、親戚の家族と朝ご飯を一緒に食べた。数日前、避難していた母子がばったり日本軍兵士と出会ってしまった、また隠れたが、草を踏んで道ができている。自分たち家族はここは危ないからと家に帰った。他の人たちは残った。

そのすぐ後、日本軍兵士３人が入口に草を積み上げ、火を点けた。唐辛子が混ぜてあった。父の兄は泥をかぶり、布団を体に巻き付けて外に転がり出た。見つけられたとき、ピータンのようだった。その家族は６人亡くなった。一家全滅は９家族、遺骨を拾う人はいない。村で生き残ったのは８人だけだった。

父が棺桶を用意し、探しに行ったが真っ暗で、腐敗していて誰の遺骨か分からなかった。111人の遺骨が今も洞窟内で眠っている。数年前政府がコンクリートでふさいでしまった。陽振球さんは、「父の親族が亡くなった。同じ袋から生まれたものがここで死んだ。悲惨だ」と何回も言われました。もと来た道を戻っていく私たちを、陽さん兄弟はずっと見送って手を振って下さいました。

道々、山の方を振り返りながら歩きました。今、私たちの前にあるこの山に向かって逃げていく時、住民はどんな気持ちだったのだろう、恐ろしかっただろうし、家のことも気がかりだっただろう、隠れていてやり過ごせばまた戻ってこられると思っていたのかもしれない。けれど多くの住民は二度と家には戻れなかった、真夏の光の中、くっきりとした青空を背に眼前に立つ山を見ながら、同じように山を見ていたであろう住民のことが思われました。

途中、村の女性に話しかけられました。「どこに来たのか」と聞いておられるようなので、「燕岩です」と答えましたが、通じた様子はありませんでした。ここに泊まり込んで、広西の言葉でいろいろと話を聞くことができれば、もっと多くの交流ができるのに……と旅の限界を感じながら、それでも沢山の方々の支援を受けて来ることができてよかったと思いました。

この場所を日本人が訪ねるのは初めてだそうです。日本人が知らないこのような出来事が、中国のあちこちに、数えきれないほど沢山あったことでしょう。それでもここは村の近くだったために生き残った村人に記憶され、碑も何もないけれど、遺跡として残されて記録されています。

50万人の日本兵が、そしてそれに対する100万人を超える中国兵が行軍、戦闘したこの地域は、戦火に蹂躙され、田や畑で実ったものも、貯蔵していた食物も奪われ、住む家を燃やされ、多くの人々が流浪していきました。そしてその人たちが道の傍に折り重なって倒れ、白骨と化していったことを、ほとんどの日本人は知りません。燕岩の遺跡を訪ねることにより、更に記憶もされず失われていったいのちの一つひとつをも、一層思うようになりました。

加害と被害のはざまで

前述した吉岡義一さんは、打通作戦に参加した体験を、自身で描いた絵とともに記録されていました。それが「熊本新老人の会」（以下、会）の方々の努力で、『零の進軍』にまとめられました。出版に際し、会の中から「日本人の恥、皇国軍人の恥」との反対もありましたが、会の提唱者だった故日野原重明さんが「事実は事実のまま出した方がいいです」といわれ、出版の運びとなったそうです。書名は、補給も見通しも兵士のいのちも「零」だったことからつけられたものです。

吉岡さんは、歩兵銃を手に持ち、銃剣、手りゅう弾2発、りゅう弾8発、小銃弾60発を腰につけ、飯盒、鉄帽、スコップを括りつけた背嚢には小銃弾60発、天幕、着替え、米3升を詰め込み、水筒、防毒マスクをたすき掛けし、肩の肉が抉られるようなこの装備で、ひたすら歩き続けます。時に米軍機の空襲を受け、また突撃も命じられます。古参兵による私的制裁も理不尽を極めました。

行軍や戦闘の中で、徴発した住民の虐殺や、中国兵の遺体、同年兵の戦死など、沢山の死に直面し、人間の要素を取り除かれ、軍紀の鋳型にはめ込まれ、自分のいのちと食べることしか考えなくなっている自分を日々感じます。食事はご飯と岩塩だけという日が何日も続く中、現地調達という名の食料強奪が命じられ、飢えた吉岡さんは住民が逃げ去った後の民家に押し入り、宝探しでもするように貴重なたくわえを奪います。しかし民家に残されていた老婆と対面し、自身の加害性に冷や汗を流します。

人殺しの毎日から抜け出すこと、ただただ故郷に帰ることをひたすら願い、逃亡も考えますが、「国賊」の汚名を家族が被ることを思えばそれもままなりません。マラリアの熱に苦しみ、排せつしたのも感じないほどのひどい下痢で汚れた褌を、深夜、涙を流しながら川の水ですすぎます。この克明な描写を読みながら打通作戦を一緒に歩いているような気がし、日本軍兵士であるとはかくも惨めなものだったのかと改めて感じました。

一方、吉岡さんと彼が描く日本軍の姿を通して、中国の人々があの戦争でどんな目に遭ったのか、その苦難をさらに深く感じました。また、これだけの苦難はその時だけで終わる筈もなく、そのあとも永く続くということも、容易に推し量られました。

被害と加害が幾層にも重なり合う戦場の記録に触れることは、戦争の現実を厚みを伴って理解する助けとなりました。同時に、加害と被害に追い込んだものに対する怒りを、心の中に熾火のように留めおくことになりました。それを保ち続けるのは決して心地よいことではありませんが、吉岡さんのような先輩方がされてきたことと思えば、次の世代の私もまた引き継いでいくことが、幸存者から、また死者からも求められていると思います。

おわりに

戦ひにありし月日の長ければしみつきしものひそかにあらむ

『生きて再び逢ふ日のありや――私の「昭和百人一首」』に収められた歌です。作者は坂井春枝、1942年の作です。編者の高崎隆治は「戦場に永かった者とそうでない者との区別は簡単につけられる。その特徴をあげると、第一は言い逃れが巧みで証拠を突きつけられても非を認めないこと。第二は利に対して動物的に敏感であること。第三は弱者に冷酷だということである。『略奪・強姦勝手次第』とは、南京戦当時の合言葉のようなものだが、その『しみつきしもの』が戦後世代に受け継がれなかったという保証はない。」という文章を付しています。読んだとき、ぞっとすると同時に腑に落ちました。

子どもの頃から「しみつきしもの」は社会のあちこちに見られました。私はそれに反発しながら過ごしてきました。第1回「むすぶ会」の旅に参加したのは、その「しみつきしもの」の源を確認したいという思いからでした。南京はもちろん、淮南の万人坑、そして2回目の平頂山の虐殺現場で、私の前の世代が何をしたか、加害のさまを突きつけられました。しかし3回目、山西省を訪ねた時、聳え立つ黄土高原を前にしてみると、女性に対する性暴力犯罪の酷さと同時に、なぜ日本兵はそのようなことをしたのか、日本との時間的・地理的な距離、現地の住民と風土の敵意に絶望したであろう兵士の気持ちを、肯定するわけではありませんが考えざるを得ませんでした。その後、旅を続け沢山の侵略の跡をたどり追悼する中で、同時に加害の側の日本兵のことも更に学ぶようになり、彼等を「侵略者」のひと言で済ませて、話を聞こうともしなかった戦後世代の自分、そして社会のありように対し疑問を持つようになりました。

元兵士の近藤一さんは沖縄戦を生き延び、その悲惨さを語り続けるうちに、自分が山西省で行った残虐行為に気付いていきます。自身の尊厳を奪われるような過酷な経験をした人は、受けた苦しみを語ることにより人間性を新たにし、その中から自分の加害行為を見つめ直すことができるのではないかと思います。

雲南戦に参加した元兵士、大里巍さんは次のように書いています。「私には死ぬまで消えない心の呵責がまだ残っています。闘いの悲惨さは先程申し述べたとおりですが、まだ人間が戦争に臨んで持っている心の中の残忍さ、冷酷さの本性を私はまだ語っていないからです。……私も戦争の真実を語ってくれと頼まれても、これだけは胸に秘めたまま死の間際まで人に明かすだけの勇気はありません。いくら命のやりとりの戦争とはいえ、心の鬼を覗いたくやしさは、人はわかってはくれないでしょう。」

「わかってはくれない」人の一人が私だったという自責があります。加害者になることで深く傷ついた人たち、生き延びたあともその記憶を忘れられず、生涯抱え続けて苦しんだ元兵士たちが「くやしさ」を話せるような戦後社会だったら、加害の歴史に封印をし、次の戦争への準備が進んでいるような今の状況にはならなかったのではないでしょうか。

高崎の指摘通り「しみつきしもの」は今のこの社会の中に引き継がれていると思えます。戦争責任も、原発事故の責任も認めようとしない、経済万能で弱者に冷たい今の社会をつくっているのは、ほかならぬ戦後生まれの私たちです。自分の中にも「しみつきしもの」がある、戦争体験者の中で育ち、自分自身も深く歪められているのです。そう認めるのはしんどいことですが、「しみつきしもの」を次の世代に伝えるのではなく、加害者・被害者を生み出した国策に対峙し、それに対する怒りを戦争に抗う動機、力にすることはできるのではないかと思います。多くの証言者がしてきたように。その人たちに代わって語り継いでいくために。それを断ち切り、新しい社会を生み出していくために。

そんな思いを深め、強めるために、被害者・加害者双方のこと、戦争とは何かを骨身にしみて知りたいと思っています。体験者ではないけれど、現場に立って話を聞き、その風景の中に身を置き、想像の力を借り、リアルに追体験したいというのが、なぜそんなに戦跡をまわるのかという問いに対する私の答です。

ガイド兼通訳の戴国偉さんに感謝します。戴さんは最初の旅からずっと、そして仕事抜きで献身的に私たちに付き添ってくださっています。南京人の戴さんですが、南京以外の歴史の現場も調査し、案内してくださいます。戴さんがおられなければ訪問できないような場所ばかりです。戴さんからは歴史の話はもちろん、日本のマスコミの報道からは得られない、中国の市民の思いを知ることができます。自分史についても少しずつ話してくださる時もあり、私たちに寄せる戴さんの信頼にこたえなければと思っています。

日本により被害を受けたにもかかわらず、その経験・思いを語ってくださる幸存者の皆さん、館長をはじめ南京の紀念館の方々、訪問地のスタッフや街中で出会った人々（その多くは一期一会です）、そのお一人おひとりに感謝します。国が違い、お互いに様々な問題を抱えながら、市井の人々は平和を望んでいるということを、その人たちからいつも改めて感じさせていただいています。

出版を提案してくださった「むすぶ会」事務局長の飛田雄一さん、支え励ましてくださった団員、友人、合同出版の皆さん、毎夏1週間の休暇をとり、戦争と平和の授業をすることができたことに感謝します。長年中国への旅を続ける私を案じながら見守ってくれた家族に心から感謝します。

参考図書

『神戸南京大虐殺絵画展報告集』南京1937絵画展実行委員会、1999年
『日中戦争全史』上・下、笠原十九司、高文研、2017年
『中国の旅』本多勝一、朝日新聞社、1993年
『南京の日本軍――南京大虐殺とその背景』藤原彰、大月書店、1997年
『報道に見る南京、1937』ノーモア南京の会、1997年
『南京大虐殺、南京・閉ざされた記憶展、図録集』南京大虐殺60ヶ年実行委員会編、2002年
「兵士の陣中日記にみる南京大虐殺――郷土部隊が捕えた捕虜約二万人の行方」、小野賢二、『季刊戦争責任研究』第9号、日本の戦争責任資料センター、1995年
「鎮江における日本軍の暴行」、『大分大学教育福祉科学部研究紀要』23巻2号、神戸輝夫、2001年
「鎮江慰安所規定」、『季刊戦争責任研究』第89号、松野誠也、日本の戦争責任資料センター、2017年
『台湾――四百年の歴史と展望』伊藤潔、中央公論新社（中公新書）、2012年
『観光コースでない台湾――歩いて見る歴史と風土』、片倉佳史、高文研、2005年
『近代日本最初の「植民地」沖縄と旧慣調査1872―1908』平良勝保、藤原書店、2011年
『台湾支配と日本人――日清戦争100年』又吉盛清、同時代社、1994年
『台湾島抗日秘史――日清・日露戦間の隠された動乱』喜安幸夫、原書房、1979年
『別冊一億人の昭和史　日本植民地3　台湾』毎日新聞社、1978年
『戴國煇著作選1　客家・華僑・台湾・中国』戴國煇、創英社・三省堂書店、2011年
『戴國煇著作選2　台湾史の探索』戴国煇、創英社・三省堂書店、2011年
『オビンの伝言――タイヤルの森をゆるがせた台湾・霧社事件』中村ふじゑ、梨の木舎（教科書に書かれなかった戦争PART32）、2000年

『台湾・霧社に生きる』柳本通彦、現代書館、1996年
『証言霧社事件――台湾山地人の抗日蜂起』アウイヘッパハ、許介鱗編、草風館、1985年
『抗日霧社事件の歴史――日本人大量殺人はなぜ、おこったか（史実シリーズ）』鄧相揚、日本機関紙出版センター、2000年
『植民地台湾を語ると言うこと――八田與一の「物語」を読み解く（ブックレット《アジアを学ぼう》①）』胎中千鶴、風響社、2007年
『台湾二二八の真実――消えた父を探して』阮美姝、まどか出版、2006年
『知られざる台湾――台湾独立運動家の叫び』林景明、三省堂（三省堂新書）、1970年
『アジアの声　第6集　戦後補償を考える』「アジア・太平洋地域戦後補償を考える国際フォーラム」実行委員会編、東方出版、1992年
『支那事変写真全輯　中　上海戦線』朝日新聞社編、朝日新聞社、1938年
『上海敵前上陸』三好捷三、図書出版社、1979年
『上海歴史ガイドマップ　増補改訂版』木之内誠編、大修館書店、2011年
『ミッシェルの口紅』林京子、中央公論社、1980年
『上海』林京子、中央公論社、1983年
『魯迅美術論集』上・下、張望編、小野田耕三郎訳、未来社、1975年
『魯迅選集』増田渉・松枝茂夫・竹内好編著、岩波書店、1956年
『藻を刈る男――茅盾短編集（発見と冒険の中国文学4）』宮尾正樹・白水紀子・伊藤徳也、JICC出版局、1991年
『支那事変写真全輯　4　武漢・広東攻略戦』朝日新聞社編、朝日新聞社、1938年
『海軍の日中戦争――アジア太平洋戦争への自滅のシナリオ』笠原十九司、平凡社、2015年
『戦争責任研究』第2号（特集731部隊の実相に迫る）、日本の戦争責任資料センター、1993年

『証言　細菌作戦――BC兵器の原点証言』中央擋案館、中国第二歴史擋案館、吉林省社会科学院編、江田いづみ訳、同文館、1992年
『中国侵略と七三一部隊の細菌戦――日本軍の細菌攻撃は中国人民に何をもたらしたか　中国側史料』森正孝・糟川良谷編、静岡中国語翻訳センター訳、明石書店、1995年
『時間』堀田善衛、『昭和戦争文学全集3』、昭和戦争文学全集編集委員会編、集英社、1965年
『名護市史本編5　出稼ぎと移民Ⅲ』名護市史編さん委員会編、名護市2008年
『「戦場体験」を受け継ぐということ――ビルマルートの拉孟全滅戦の生存者を尋ね歩いて』遠藤美幸、高文研、2014年
『フーコン・雲南の闘い（太平洋戦争写真史）』池宮商会出版部、1984年
『異域の鬼――拉孟全滅の道へ』品野実、谷沢書房、1981年
『回想ビルマ作戦――第三十三軍参謀痛恨の手記』野口省己、光人社、1995年
『拉孟――玉砕戦場の証言』太田毅、昭和出版、1984年
「国境線、友人至此止歩――雲南省・戦争の傷跡を辿って」『戦争責任研究』第7・8号、望月睦幸、日本の戦争責任資料センター、1995年
「ビルマ戦線と龍陵の戦場」『戦争責任研究』第81号、遠藤美幸、日本の戦争責任資料センター、2013年
「戦場の社会史――ビルマ戦線と拉孟守備隊　1944年6月～9月（前後編）」、『三田学会雑誌』102巻3・4号、遠藤美幸、2009年、2010年
『戦争はどう記憶されるのか――日中両国の共鳴と相剋』伊香俊哉、柏書房、2014年
『戦場の「慰安婦」――拉孟全滅戦を生き延びた朴永心の軌跡』西野瑠美子、明石書店、2003年
『龍陵会戦』古山高麗雄、文藝春秋、1985年
『断作戦』古山高麗雄、文藝春秋（文春文庫）、2003年
『支那事変写真全輯　3　黄河・徐州作戦』朝日新聞社、1938年

『中華民族抗日戦争史1931～1945』王衆鑫・郭徳宏、石嶌紀之監訳、八朔社、2012年
『台児荘大勝利と徐州会戦』楊克林、柏書房、1994年
「李宗仁の抗戦思想と台児荘の大勝」『中国研究月報』576号、陳崇錚・尹鉄錚・陳垣、三好章訳、1996年
『豊子愷研究』楊暁文、東方書店、1998年
「芸術教育者としての豊子愷――中国の芸術教育史におけるその位置づけをめぐって」『滋賀大学教育学部紀要 人文科学・社会科学・教育科学』45号、楊暁文、滋賀大学教育学部、1995年
『日本の侵略中国の抵抗――漫画に見る日中戦争時代』石子順、大月書店、1995年
『豊子愷児童文学全集1 一角札の冒険』豊子愷、小室あかね訳、日中翻訳学院監訳、日本僑報社、2015年
『豊子愷児童文学全集5 わが子たちへ』豊子愷、藤村とも恵訳、日中翻訳学院監訳、日本僑報社、2016年
『豊子愷児童文学全集6 少年美術物語』豊子愷、船山明音訳、日中翻訳学院監訳、日本僑報社、2017年
『豊子愷児童文学全集7 中学生小品』豊子愷、黒金祥一訳、日中翻訳学院監訳、日本僑報社、2017年
『縁縁堂随筆』豊子愷、吉川幸次郎訳、創元社（創元社支那叢書）、1940年
「漫画と文化――豊子愷と竹久夢二をめぐって」『比較文学』36、西槇偉、日本比較文学会編、1993年
「豊子愷――解放前中国の散文作家1」『京都外国語大学研究論叢』34、蔭山達弥、京都外国語大学季刊誌編集委員会編、1989年
『花甲録』内山完造、岩波書店、1960年
「日中戦争1938年――検閲を擦り抜けた「抗日ゲリラ掃討」写真」『週刊金曜日』1022号、臺宏士、2015年
「太平洋戦争期最大とされる中国湖南省中「廠窖虐殺事件」を知っているか？ 日中の民間合同調査で明らかになった戦史の空白」『週刊金曜日』1035号、たどころあきはる、金曜日、2015年
「旧日本軍細菌戦部隊関係図」『季刊戦争責任研究（第2号）』、日本の戦争責任資料センター、1993年
「元一六四四部隊員の証言――軍画兵、石田甚太郎の体験から」『季刊戦争責任研究第』10号、水谷尚子、日本

の戦争責任資料センター、1995年
『七三一部隊と天皇・陸軍中央』吉見義明・伊香俊哉、岩波書店（岩波ブックレット）、1995年
「細菌戦の戦争記憶とその語り――民衆の被害記憶に見られる社会と国家」『現代中国研究』37、聶莉莉、中国現代史研究会、2016年
『中国民衆の戦争記憶――日本軍の細菌戦による傷跡』聶莉莉、明石書店、2006年
『細菌戦は実行されていた――第6回中国平和の旅報告集（草の家ブックレットNo.9）』、平和資料館・草の家、1999年
『裁かれる細菌戦　元731部隊員』731・細菌戦キャンペーン委員会編、ABC企画、2001年
「法廷で裁かれる日本の戦争責任（29）731細菌戦訴訟――細菌戦の事実を認めない日本政府を告発する」『軍縮問題資料』軍縮市民の会、土屋公献、2007年
「決戦兵器考案ニ関スル作戦上ノ要望」『季刊戦争責任研究』第6号、伊香俊哉、日本の戦争責任資料センター、1994年
「731部隊〝細菌戦〟の戦後処理に日本政府がかかわっていた」『エコノミスト』笹本征男・若松征男、毎日新聞社編、1994年
「朝鮮戦争時のアメリカ軍による細菌戦　アルジャジーラTVがドキュメント放送」『統一評論2010年10月号』、李フンノ、統一評論新社、2010年
『朝鮮戦争における米軍の細菌戦被害の実態――現地調査報告』、『大阪経済大学アジア太平洋センター年報』1号、中嶋啓明、2003年
「731部隊」――その「隠蔽」がもたらしているもの」『NOMORE 731日本軍細菌戦部隊』、15年戦争と日本の医学医療研究会編、莇昭三、文理閣、2015年
「ハルピン市社会科学院、731部隊罪証陳列館、細菌戦被害者家族一行と東京大学および京都大学医学部学部長との懇談報告」『戦争・731と大学・医科大学――学者・医師たちの良心をかけた究明編』、15年戦争と日

本の医学医療研究会編、吉中丈志、文理閣、2015年
『鯨大地を征く』大森茂、非売品、1965年
『血涙の記録――嵐兵団歩兵第百二十聯隊史』嵐兵団歩兵第百二十聯隊史編纂委員会編、嵐120友の会、非売品、1977年
「大陸打通作戦の意義」『環日本海研究年報』21、新潟大学大学院現代社会文化研究科環日本海研究室、芳井研一、2014年
『餓死した英霊たち』藤原彰、青木書店、2001年
『中国抗日戦争図誌　日本語版下巻』楊克林・曹紅編、王培君ほか訳、IDS、1994年
『「広西の会戦」はどう記憶されたか　記念碑と遺跡を中心に』『愛知県立大学外国語学部紀要〈地域研究・国際学編〉』、愛知県立大学外国語学部編、王暁葵、2009年
『広西の会戦〈戦史叢書〉』防衛庁防衛研修所戦史室編、朝雲新聞社、1969年
『桂林参議会控訴』GHQ国際検察局文書、朝日新聞社旧蔵、極東国際軍事裁判記録
『極東軍事裁判審理要録』第1巻〈東京裁判英文公判記録要訳〉、国士舘大学法学部比較法制研究所監修、松本直歳編訳、原書房〈明治百年史叢書〉、2013年
「別所弥八郎とアジア・太平洋戦争末期の「報道写真」」『立命館法学』2012年5・6号、井上祐子、2012年
「集中ルポ　中国・桂林　山水画の彼方で　私は「日本鬼子」の子」『週刊金曜日』661号〜665号、糟谷廣一郎、金曜日、2007年
『日本空襲の全貌』平塚柾緒編著、洋泉社、2015年
『証言記録　兵士たちの戦争　①』NHK「戦争証言」プロジェクト、日本放送出版協会、2009年
『証言記録　兵士たちの戦争　④』NHK「戦争証言」プロジェクト、日本放送出版協会、2010年
『零の進軍　大陸打通作戦　湖南進軍』吉岡義一、創流出版株式会社、2015年

『日本軍兵士——アジア・太平洋戦争の現実』吉田裕、中央公論新社（中公新書）、2017年
「蝗」『コレクション戦争と文学7（曠）』、田村泰次郎、集英社、浅田次郎他編、2011年
『「慰安婦」戦時性暴力の実態』西野留美子・林博史責任編集、緑風出版より「中国の慰安所に関する調査報告——上海・南京・雲南を中心に」陳麗菲・蘇智良、「ミュージアムへ行こう！」女たちの戦争と平和資料館編集発行、2017年
「南京の慰安婦と慰安所」『季刊戦争責任研究』第28号、経盛鴻・高宏訳、日本の戦争責任資料センター、2000年
「上海の慰安所・現地調査報告——上海に慰安所の記憶と痕跡を訪ねて」『季刊戦争責任研究』第27号、西野瑠美子、日本の戦争責任資料センター、2000年
『生きて再び逢ふ日のありや——私の「昭和百人一首」〈教科書に書かれなかった戦争シリーズ4〉』高崎隆治撰、梨の木舎、1988年

「神戸・南京をむすぶ会」について

1996年に開催した「丸木位里・俊とニューヨークの中国人画家たちが描いた南京1937絵画展」の神戸の実行委員会のメンバーが訪中の際に作った市民グループ。1997年以降、毎年8月に南京市内外の南京事件の現場と、中国各地に残る日本軍の加害の現場、幸存者、関係者を訪ねるフィールドワークを行っている。訪中は2006年より兵庫県在日外国人教育研究協議会と共催。

代　表　　宮内陽子

副代表　　門永秀次　林伯耀

事務局長　飛田雄一

〒657-0051 兵庫県神戸市灘区八幡町4-9-22　公益財団法人神戸学生青年センター内
メールアドレス　info@ksyc.jp
TEL　078-891-3018　　FAX　078-891-3019

第1次：1997年　南京・淮南

第2次：1998年　南京・上海・瀋陽・撫順

第3次：1999年　南京・太原・大同・北京

第4次：2000年　南京・ハルビン

第5次：2001年　南京・蘇州・杭州

第6次：2002年　南京・重慶

（2003年はSARSの影響により中止）

第7次：2004年　南京・大連・旅順

第8次：2005年　南京・済南・青島

第9次：2006年　南京・無錫・石家荘・天津

第10次：2007年　南京・武漢

第11次：2008年　南京・瀋陽・長春

第12次：2008年12月　南京
（南京大屠殺紀念館のリニューアルオープンに合わせて訪問）

第13次：2009年　南京・上海・牡丹江・虎頭・虎林・北京

第14次：2010年　南京・延辺

第15次：2011年　南京・海南島

第16次：2012年　南京・香港

第17次：2013年　南京・台湾

第18次：2014年　南京・無錫・上海

第19次：2015年　南京・広州

第20次：2016年　南京・雲南

第21次：2017年　南京・徐州・台児荘

第22次：2018年　南京・岳陽・廠窖・常徳・長沙

第23次：2019年　南京・桂林

【著者紹介】
宮内陽子
1950 年京都市で生まれ、神戸市で育つ。
カトリック学校で社会科、地歴公民科教諭を務めた後 2021 年 3 月まで
カトリック大阪大司教区社会活動センター（シナピス）勤務。
神戸・南京をむすぶ会代表
兵庫県在日外国人教育研究協議会会員

日中戦争への旅◎加害の歴史・被害の歴史
——南京／海南島／香港／台湾／無錫・上海／広州／
雲南／徐州・台児荘／岳陽・廠窖・常徳・長沙／桂林

2019 年 12 月 13 日　第 1 刷発行
2021 年　7 月　7 日　第 2 刷発行

著　者　宮内陽子

発行者　坂上美樹

発行所　合同出版株式会社
東京都小金井市関野町 1-6-10
郵便番号　184-0001
電話 042（401）2930　　FAX042（401）2931
URL http://www.godo-shuppan.co.jp/
振替 00180-9-65422

印刷・製本　新灯印刷株式会社

■刊行図書リストを無料送呈いたします。
■落丁乱丁の際はお取り換えいたします。

ISBN978-4-7726-1413-9　NDC916　188 × 130